AF346668

MAURICE ALLOU

La Tentatrice

COMÉDIE EN TROIS ACTES, EN PROSE

PARIS — Ier.

P.-V. STOCK, ÉDITEUR

(Ancienne Librairie TRESSE & STOCK)

155, RUE SAINT-HONORÉ

devant le Théâtre Français.

1920

LA TENTATRICE

Comédie en trois Actes, en Prose,

Représentée pour la première fois par " ***Les Escholiers*** *"* (1)

sur la Scène de la Comédie des Champs-Elysées,

le 21 Mai 1920.

(1) *Président :* M. Auguste **RONDEL**.

Directeur de la Scène : M. Paul **PHILIPON**.

A JULIETTE MARGEL,

qui m'a fait connaître Floss.

Avec mon émotion reconnaissante.

M. A.

PERSONNAGES

JEAN-MARC MORISE....	MM. Harry Baur.
RENÉ DORNIER........	Pierre Daltour.
STARK...............	Gabriel Frère.
DISETTE.............	Ch. Leriche.
ALCANTHOZOR........	Aldebert.
JUVIENNE............	H. Fenonjois.
RENNES..............	X.
LE PETIT FERNAND....	X.
FLOSS...............	Mmes Juliette Margel.
ANNETTE............	Bertile Leblanc.
AVELINE.............	Marguerite Guizelle.
JUSTINE.............	Ellen Rovel.

A PARIS, DE NOS JOURS

La mise en scène de cette pièce a été faite par M. HARRY BAUR.

LA TENTATRICE

ACTE PREMIER

Un atelier de sculpteur. — Vaste fenêtre ; une porte donne à gauche sur un palier, une autre porte à droite. — Çà et là se dressent quelques formes blanches : « L'Enfant dans les Champs », « Psyché », « Les Lutteurs », « La Tentatrice », œuvres du maître Jean-Marc Morise. — Une tenture cache, à gauche, un coin de l'atelier où Floss, elle aussi, pétrit la glaise. — Quelques toiles impressionnistes au mur, des moulages. — Instruments de travail épars ; un divan.

SCÈNE PREMIÈRE

MORISE, FLOSS

MORISE (*près de Floss debout devant l'œuvre qu'elle achève*)

Où en es-tu ?

FLOSS (*découragée*)

Rien ne va plus.

MORISE

Tu exagères.

FLOSS

Regarde...

MORISE *(après avoir observé l'œuvre)*

C'est le bras là...

FLOSS

Ah ! tu vois bien !

MORISE

Un peu d'empâtement, le coude est à revoir, une simple bavure !

FLOSS

Oh ! si tu t'y mets...

MORISE

Souviens-toi du "Rêveur" d'Orsandi... Le buste est ainsi penché...

FLOSS

C'est la seule ressemblance. Orsandi...

MORISE

Il a des défauts !

FLOSS

Tu m'as dit : il faut en avoir, c'est indispensable !

MORISE *(l'embrassant)*

Tâche seulement d'avoir les mêmes que lui !

FLOSS

Je ne me plaindrais pas !

MORISE

Mais je te trouve la mine fatiguée... Tu es un peu pâle !...

FLOSS

C'est la lumière !

MORISE

Tu travailles trop !

FLOSS

Ton exemple est là... Quand je pense que tu as ébauché le buste de Lantier en deux jours !...

MORISE

Bah ! Le temps ne fait rien à l'affaire !...

FLOSS

On dit ça, et pourtant le génie...

MORISE

Oh ! le génie !...

FLOSS

Tu sais bien ce que tu vaux !

MORISE

Si je t'écoutais !

FLOSS

Mais tu peux entendre. Ta petite fille est fière de toi, ta Flossy, Floss...

MORISE

Comme t'appelait ta mère !...

FLOSS

Toi, on t'appelle le Rodin du jour !

MORISE (avec admiration)

Rodin !

FLOSS

Dire que des ratés osent se réclamer d'un pareil maître !

MORISE

" Il ne faut pas finir en Art... " — Nous savons jusqu'où peut mener la fameuse formule !

FLOSS

Ils n'ont qu'à venir ici ceux-là... Qu'ils ouvrent les yeux, et regardent !

MORISE

La nature achève, que diable !

FLOSS

Tâchons de l'imiter.

MORISE

Ayons l'œil clair avant tout, c'est l'œil qui crée d'abord.

FLOSS

Pourtant, quand mes doigts hésitent, j'ai beau voir nettement ce que je veux faire, je ne suis pas maîtresse de la masse informe. Rappelle-toi ce que disait Radwick...

MORISE

Ah ! oui, le Suédois ? *(imitant l'accent)* " L'œuvre jaillit de la glaise qu'on façonne comme la moisson d'une terre qu'on laboure ! "

FLOSS

C'est mon avis.

MORISE

Tu m'avouais pourtant il y a deux jours : " Si je n'avais pas appris à bien regarder !... " Contradiction, ton nom est... femme !

FLOSS

Est-ce une faiblesse ?

MORISE

Je souris... mais tu sais bien que tu m'enchantes !

FLOSS

Ah ! pouvoir discuter ainsi...

MORISE (*souriant*)

Jusqu'au petit jour !

FLOSS

Cela nous arrive quelquefois. En travaillant tous les deux nous avons souvent oublié l'heure.

MORISE

La nuit passait.

FLOSS

Ainsi pour tes " Lutteurs "...

MORISE

Je tâtonnais dans la pénombre. Quelle souffrance de ne pouvoir trouver le mouvement exact !

FLOSS

Vingt fois ton poing s'abattit sur la glaise indocile. Quand l'aube survint tu cherchais encore !...

MORISE

Oui, quand soudain un cri monta. Sous mes fenêtres deux hommes s'empoignaient dans un corps à corps monstrueux et superbe. Mes lutteurs étaient là. Le mouvement cherché me crevait les yeux... Ah ! le beau jour !

FLOSS

C'est la vie même qui t'inspirait. Huit jours plus tard ton œuvre se dressait dans sa vérité implacable...

MORISE

La vérité vois-tu... La vérité... d'abord !

(Un coup à la porte.)

FLOSS

On a frappé.

MORISE

Ah ! les copains ! Disette, Juvienne...

SCÈNE II

MORISE, FLOSS, DISETTE, JUVIENNE,
ALCANTHOZOR, RENNES

RENNES *(entrant)*

Rennes !

DISETTE

Bonjour, voús !

JUVIENNE

On passait... alors...

ALCANTHOZOR

Une nouvelle immense !

FLOSS *(avec malice)*

Alcanthozor a vendu sa " Pénélope " ?

ALCANTHOZOR

Méchante !

JUVIENNE (*désignant Rennes*)

Non... c'est de Rennes qu'il s'agit...

(*S'adressant à Rennes*)

Montre un peu son portrait !

RENNES

A bas les pattes !

JUVIENNE

Son portrait, Don Juan !

MORISE

Un nouveau modèle ?

ALCANTHOZOR

Il les a toutes !...

MORISE

Il paraît qu'on l'adore !

JUVIENNE

Je ne sais pas pourquoi !

MORISE (*riant*)

Le profil n'est pas impeccable !

ALCANTHOZOR

Il a la tête dans les épaules !

MORISE

Cet Adonis ?

JUVIENNE (*riant*)

Il faudrait des retouches !.

ALCANTHOZOR

Et il croit qu'on va le laisser tranquille ! Le portrait, mon vieux Rennes !

TOUS (*sur l'air des « Lampions »*)

Le portrait ! Le portrait !

(*Ils l'entourent, le pillent. Le portrait est enlevé, arraché, on s'exclame.*)

ALCANTHOZOR

Vertuchou ! mes compliments !... La tête est fine !

DISETTE

Elle est bougrement bien !

MORISE (*avec intérêt*)

Il y a longtemps que tu la connais ?...

RENNES

Aveline ?

ALCANTHOZOR

Une déesse ! une déesse !

DISETTE

Oui, tu auras beau lever les bras au ciel, tu ne pourras jamais l'atteindre !

MORISE

On ne s'entend plus ! (*insistant*) Il y a longtemps que tu la connais ?

JUVIENNE *(riant)*

Le maître est pincé.

RENNES

Une orientale. Son teint d'amande grillée lui a valu son surnom d'Aveline !

MORISE

Tiens !... Tiens !

RENNES

Elle a longtemps chanté à Alger !

ALCANTHOZOR

Des duos d'amour ?

JUVIENNE

Pas avec toi !...

MORISE

J'espère que vous aurez tout de même la pudeur devant ma fille...

JUVIENNE

C'est vrai... Floss... On l'oubliait !

FLOSS

Ne vous gênez pas !

RENNES

Sa fille !

MORISE

Ma petite, une bonne petite, une artiste !...

ALCANTHOZOR

Oui... elle aime... mes ébauches !

DISETTE

Les miennes aussi !

JUVIENNE

Elle me disait l'autre jour...

MORISE *(doctoralement)*

Si Floss l'a dit !...

JUVIENNE

Le maître lui-même l'a affirmé : c'est une artiste !...

DISETTE

Et pas poseuse !

FLOSS *(riant)*

Voulez-vous vous taire ?

ALCANTHOZOR

Sincère...

DISETTE

Parbleu !

MORISE

On est heureux ensemble, groupés autour d'elle !

JUVIENNE

C'est vrai qu'elle fait partie du groupe !

DISETTE

On ne pourrait pas s'en passer !

MORISE

Elle est ma muse, mon inspiratrice ! C'est à elle que je dois mes plus beaux succès.

FLOSS

Petit-bon !

JUVIENNE

Elle t'oblige à travailler, peut-être ?

MORISE

Oh ! Pour le travail cela irait encore ! Mais elle me donne des idées, elle m'ouvre les yeux ! C'est égal, je suis inquiet... *(à Floss)* Tu n'as pas ta mine habituelle ! Je te trouve affreusement pâle !

FLOSS

Quelle folie !

MORISE

Mais non... Regarde, Juvienne !

DISETTE *(s'avançant)*

Et moi ?

ALCANTHOZOR

Et moi ?

RENNES

Et moi ?

JUVIENNE

Elle ne se couvre pas assez, l'enfant ! Les femmes, ça s'habille de voiles !

ALCANTHOZOR *(montrant les statues)*

Et encore !...

FLOSS *(désignant l'œuvre que Morise
vient d'achever)*

Si vous regardiez celle-là plutôt ?

RENNES

Avant de filer !

ALCANTHOZOR *(bas à Rennes)*

Un rendez-vous ?

RENNES *(à Morise)*

Mais tu sais, vieux, on part ébloui ! Ta " Tentatrice "
est immense !

FLOSS

N'est-ce pas que c'est beau ? *(Ils sont tous au pied de la
statue qu'ils admirent.)*

JUVIENNE

Le maître s'est surpassé !

DISETTE

Il y a une vie dans ce marbre !

FLOSS.

Mais c'est la vie même !

DISETTE

" La Tentatrice ", mes enfants ! Gare à vous !

FLOSS

Mais il ne s'agit pas d'une femme quelconque... C'est la joie universelle qui vous attire ! Regardez... Est-ce un sourire qui rend ce visage radieux ? Seul le soleil peut jaillir ainsi d'un regard. C'est du soleil encore qui court dans ses membres, qui caresse ces bras tendus vers la lumière implacable... "La Tentatrice" ... c'est la vie qui vous prend !

MORISE (*embrassant sa fille*)

Je vous l'avais bien dit : Mon talent, le voilà !

JUVIENNE

Conserve-la le plus longtemps possible !

MORISE

Tant qu'elle sera là, je ne crains pas la décrépitude.

DISETTE

Et maintenant... Rennes nous entraîne...

MORISE (*ironique*)

Chez la Dame d'Alger ?

ALCANTHOZOR (*à Rennes*)

Tu nous présenteras... un jour !

FLOSS (*souriant*)

Enfant terrible !

JUVIENNE (*à Morise avant de sortir*)

Bonsoir, créateur !

(*Ils serrent tous la main de Morise, celle de Floss et disparaissent.*)

SCÈNE III

MORISE, FLOSS

MORISE

Toujours gais !

FLOSS

Ils ne changent pas !

MORISE

Tu dis cela en soupirant.

FLOSS

Moi ?

MORISE

Je te trouve l'air étrange, le regard soucieux.

FLOSS

Petit-bon, on n'a pas toujours envie de rire.

MORISE

Petit-bon ! J'aime ce nom de tendresse !

FLOSS

Veux-tu que je t'appelle *maître*, comme Juvienne ?

MORISE

Les camarades ne pensent pas un mot de ce qu'ils disent.

FLOSS

Mais si, mais si... ton talent les écrase... Ils t'appellent *maître* parce qu'ils savent au fond que tu es le seul d'entre eux à mériter ce titre... mais tu ne peux pas être tout à fait pour moi ce que tu es pour les autres... petit-bon !

MORISE

Floss, on est heureux ?

FLOSS

On l'a été, sans un nuage.

MORISE

Et les nuages sont loin... !

FLOSS

Les voit-on jamais venir ?

MORISE (*vite rassuré*)

Ainsi tu es contente ? Ma '' Tentatrice '' ne te déplaît pas ?...

FLOSS

Je t'ai toujours dit la vérité. Tu n'as rien fait de plus beau !

MORISE

Ah ! tout ce qu'ils me disent ne m'importe guère... mais ce que tu penses, toi !

FLOSS

Je vois juste, tu me l'as souvent dit !

MORISE

Crois-tu que cette œuvre ait du succès ?

FLOSS

Un succès inouï... Mais cette femme c'est...

MORISE

C'est la joie universelle...! Prends garde, toi aussi tu rabâches ! *(l'embrassant)* Mais tu es gentil tout plein.

FLOSS *(riant)*

Me voilà garçon !

MORISE

Garçon mal élevé, et par ma faute ! Tu souffres peut-être ?

FLOSS

Toujours cette idée ?

MORISE

On ne peut pas savoir. Je t'ai mêlée à ma vie avec un peu trop de hardiesse peut-être ! Cette familiarité avec des artistes pourrait choquer une nature sensible comme la tienne. Je sais très mal ce qui se passe au fond de ton âme.

FLOSS

Moi-même est-ce que je me connais ?

MORISE

Cette existence n'a pas dû t'ennuyer pourtant ?

FLOSS

Pas une minute !

MORISE

Tu t'intéresses à tout ce que je fais ?

FLOSS

Passionnément !

MORISE

Je me souviens de ce mot que tu disais quand tu étais toute petite : Est-ce que je pourrai plus tard fabriquer des poupées comme papa ?

FLOSS *(riant)*

Des poupées ! C'est vrai !... Dame, pour une gosse, tu comprends...

MORISE

Et dire qu'il y a des malheureux qui s'imaginent que l'Art ne peut remplir une existence entière. Nos deux vies n'ont rien à envier aux autres et l'Art est un lien de plus qui les unit à jamais !

FLOSS

Oui, un lien de plus.

MORISE

Ah ! petite, c'est toi seule, vois-tu, toi seule que j'ai véritablement créée sur la terre. Jamais je n'ai pétri aucune glaise comme ton âme !

FLOSS

Petit-bon, je ne voudrais pas un seul jour te faire de la peine !

MORISE

Comment le pourrais-tu ?

ANNETTE *(entrant)*

Vous ne travaillez pas ?

SCÈNE IV

MORISE, FLOSS, ANNETTE

MORISE (*à Floss*)

Ton amie !

FLOSS

Annette !

MORISE

C'est une bonne idée d'être venue. Justement j'allais être obligé de quitter Floss un instant. Orsandi m'a promis une esquisse de sa nouvelle œuvre et j'ai des projets qui le concernent lui aussi.

FLOSS

Un monument ?

MORISE

Peut-être.

FLOSS (*bas à Annette*)

J'ai à te parler.

MORISE

Je regrette de te faire faux bond, ma petite Annette. Nous t'aimons beaucoup, tu sais !

ANNETTE

Que serais-je devenue sans vous ? C'est vous qui m'avez aidée quand je désespérais de la vie...

FLOSS

Tout cela... c'est le passé !

ANNETTE

L'e jour où ma pauvre maman est morte, c'est vous qui
m'avez trouvé une situation !

MORISE

Tout à fait par hasard ! Notre ami Davin cherchait une
comptable pour son usine ; je connaissais tes qualités
d'ordre, ton exactitude stupéfiante. Ah ! je dois avouer
que tes capacités n'étaient pas les nôtres. N'est-ce pas
Floss ?

ANNETTE

Moquez-vous de moi !

MORISE

Mais non, mais non, je ne plaisante pas. On serait
toujours modeste en ce monde si l'on réfléchissait à tous
les métiers qui existent et qu'on serait absolument inca-
pable d'entreprendre. En somme on n'est qu'un imbécile
quand on sort de sa petite sphère !

ANNETTE

C'est Jean-Marc Morise qui parle ainsi ?

FLOSS

Tu sais que père n'a pas la fatuité des autres !

ANNETTE

Comme tous les êtres vraiment supérieurs !

MORISE *(riant)*

Ne parle pas si haut ! Tâche plutôt de lui rendre sa
bonne humeur habituelle... Floss n'a pas sa gaîté d'autrefois.

ANNETTE

Vraiment ?

MORISE

Elle travaille trop, je crois ; fais l'impossible pour la distraire !...

FLOSS (*l'embrassant*)

Bonsoir, papa !

MORISE (*tout en voilant "La Tentatrice"*)

Je serai de retour dans une demi-heure.

ANNETTE

J'espère vous revoir encore.

MORISE

A bientôt, les petits !

(*Sort Morise.*)

SCÈNE V

FLOSS, ANNETTE

(*Floss va brusquement à la porte, guette le pas qui s'éloigne, Annette la regarde étonnée.*)

ANNETTE

Que fais-tu ?

FLOSS

Chut ! il pourrait entendre encore...

ANNETTE

Eh bien ?

FLOSS

Je n'en pouvais plus, Annette. Ah ! continuer à porter ce sourire, ce sourire qui ne tient pas plus à mon visage qu'un masque !

ANNETTE

Que veux-tu dire ?

FLOSS

Je n'ai que toi pour amie, toi seule. Les autres... des hommes, des camarades, est-ce que cela compte ?

ANNETTE

Ton père ne s'est donc pas trompé ?

FLOSS

Ah ! s'il savait ?

ANNETTE *(lui prenant les mains avec tendresse)*

Tes mains sont toutes froides !

FLOSS

Annette !

ANNETTE

Tu perds la raison...

FLOSS

Je voudrais tout te dire, mais cela me paraît si long, si long !

ANNETTE

Nous avons souvent les mêmes pensées, nous autres femmes !

FLOSS

Je ne crois pas. Papa l'a dit, tu es une femme d'ordre, toi, une femme raisonnable !

ANNETTE

Les cœurs peuvent toujours s'entendre !

FLOSS

Si c'était vrai !

ANNETTE

Tu aimes, tu es aimée ?

FLOSS

Peut-être.

ANNETTE

Un ami de la maison ?

FLOSS

Un ami d'autrefois, mais... maintenant... Tu m'as entendu parler de René Dornier ?

ANNETTE

Tu rougissais en le nommant.

FLOSS

René Dornier... ! Tu connais son histoire... ?

ANNETTE

J'ai vaguement entendu dire...

FLOSS .

Tu n'as jamais aimé, Annette ?

ANNETTE *(vivement)*

Je suis fiancée...

FLOSS

Toi !

ANNETTE

Celui que j'aime est un pauvre garçon qui gagne six cents francs par mois dans les écritures. Il est au régiment. Quand il reviendra nous achèterons un petit commerce et nous nous marierons... dès qu'il le voudra... !

FLOSS

Comme la vie te paraît simple !

ANNETTE

Elle pourrait l'être pour toi aussi si tu voulais.

FLOSS

C'est ce qui te trompe... Père ne consentira jamais...

ANNETTE

Mais l'histoire de René Dornier ?

FLOSS

Voilà. Dornier était un des élèves préférés de Nérac, un de nos plus grands maîtres. Dans l'atelier Nérac on ne parlait que de Dornier... Dornier était joli garçon. Il avait obtenu à vingt-trois ans toutes les médailles... On l'adorait et on le haïssait tout à la fois... Ses camarades l'appelaient " mon vieux " avec une tendresse toute particulière, mais quand il avait le dos tourné, ils murmuraient : " pourquoi pas moi " ?

ANNETTE

L'affreuse envie !

FLOSS

René Dornier aimait le jeu. Tu vois, je te dis tout... même ses défauts... Il joua pour s'amuser d'abord, puis avec passion. Après avoir dévoré son petit patrimoine, il osa emprunter à des camarades...

ANNETTE

Et c'est ce qui a paru intolérable ?

FLOSS

Un copain le trahit et il fut chassé de l'atelier... !

ANNETTE

L'histoire est lamentable. Et ton père ?

FLOSS

Père s'était intéressé aux premiers essais de René... il l'avait défendu longtemps devant ses maîtres. Et René ne l'oublia point... ! Après son aventure, c'est à notre porte qu'il vint frapper.

ANNETTE

Et ton père l'accueillit ?

FLOSS

Naturellement. C'est ainsi que je l'ai connu.

ANNETTE

En travaillant ! Je me souviens, en effet, de l'avoir rencontré ici-même, mais il vous a quitté si vite... Que s'est-il passé ?

FLOSS

Tu te rappelles le petit Belleau... Denis Belleau ? C'était
l'élève préféré de mon père. Belleau avait fait ici ses
premières ébauches sous la surveillance de René. C'est
René, paraît-il qui, en jouant avec lui, lui aurait donné la
passion des cartes. Tu sais comment Belleau a fini...

ANNETTE

Correctionnelle !

FLOSS

On l'a surpris trichant au jeu.

ANNETTE

Mais Dornier est innocent, lui !

FLOSS

Père l'a tenu pour responsable... Je vois encore sa
pâleur quand il lui signifia de quitter l'atelier !

ANNETTE

Et toi... toi ?

FLOSS

Que veux-tu ? Ses yeux noirs me fascinent quand il me
regarde, je suis sans force...

ANNETTE

Petite, petite !

FLOSS

Père ne voudra jamais !

ANNETTE

Il a raison...

FLOSS

Raison ! Mais tu ne comprends donc pas, tu n'as pas compris...

ANNETTE *(dans un murmure dou-*
loureux)

Un amant ?

FLOSS

Oui... j'ai un amant, moi Floss... ! Est-ce possible ? Tu crois rêver... ? Ta petite amie que tu croyais parfaite comme toi même. Un amant... ha ! ha ! Et je te le dis ainsi, et ce secret qui m'étouffe voilà que je le crie sans frémir de honte ! Je l'aime..., ! je l'aime... ! Tu ne peux pas savoir !

ANNETTE

Pourquoi ne m'as-tu pas dit plus tôt...

FLOSS

Je t'évitais les premiers temps. Et puis, pour tout t'avouer, il n'y a que quelques jours que je suis sa maîtresse ! Oh ! nous n'avions pas cessé de nous voir en cachette, et mon amour a accompli un miracle, oui... depuis six mois René Dornier ne joue plus... ! Il a déserté les tripots !... *(les yeux brillants)* Annette, je crois que l'amour l'a guéri !

ANNETTE *(à mi-voix)*

Et c'est ce qui lui a permis d'exiger...

FLOSS *(froissé)*

Comment peux-tu dire... ?

ANNETTE

Il faut trouver un moyen.

FLOSS

Il n'y en a pas !

ANNETTE

Si... ton amour même doit te suggérer...

FLOSS

Mon amour ?

ANNETTE

Tu parleras à ton père.

FLOSS

Jamais !

ANNETTE

Si... tu lui diras que tu aimes René Dornier, que tu n'épouseras que lui...

FLOSS

Vingt fois j'ai voulu... Les mots se sont figés sur mes lèvres.

ANNETTE

Il faut essayer... Comment as-tu pu ? C'est cette familiarité trop grande avec des artistes, avec des camarades qui t'a sans doute entraînée... Souvent j'ai pensé...

FLOSS

Non, non... ne dis pas cela ; n'accuse pas notre vie !
Tout mon bonheur, il y a quelques semaines encore, tenait
entre ces quatre murs. Je n'avais qu'un idéal : l'Art,
qu'une tâche, collaborer aussi humblement que possible
à l'œuvre de mon père... Ah ! devenir plus tard une
artiste, une vraie... comme lui, quel rêve!... Et maintenant !

ANNETTE

Il n'y a pas une minute à perdre. Tu parleras à ton père
tout à l'heure... Trouve un prétexte. René Dornier t'a
arrêtée dans la rue... Tu l'as trouvé affreusement changé.
Il est malade, très malade ! Tu plaideras sa cause...

FLOSS

Père m'empêchera de poursuivre.

ANNETTE

Tu finiras par lui crier comme tu l'as fait tout à l'heure :
C'est plus fort que moi..., Je l'aime !

FLOSS *(répétant comme entraînée)*

Je l'aime !

ANNETTE *(prêtant l'oreille)*

On marche !...

FLOSS

Et Fernand qui est sorti !

ANNETTE

Laisse-moi ouvrir.

(Annette est allée vers la porte ; entre Stark.)

SCÈNE VI

FLOSS, ANNETTE, STARK

STARK *(s'adressant à Annette)*

Pardon, Mademoiselle... M. Jean-Marc Morise ?

ANNETTE

C'est ici.

STARK

A qui ai-je l'honneur de parler ?

ANNETTE

A une amie de sa fille... Mais voici Mademoiselle Morise elle-même.

FLOSS *(saluant)*

Monsieur !

STARK *(se présentant)*

Monsieur Stark, expert et collectionneur. Mon nom ne vous est pas inconnu peut-être...

ANNETTE *(bas à Floss)*

Dis à ce Monsieur que ton père va rentrer. Tu ne peux vraiment pas dans cet état...

FLOSS

Mais si... mais si... je t'assure...

STARK *(obséquieux)*

Je sais que le Maître doit exposer bientôt une œuvre nouvelle.

FLOSS

Oui, "La Tentatrice". Mon père organise pour la fin du mois une exposition de ses œuvres principales.

STARK *(de plus en plus obséquieux)*

De ses chefs-d'œuvre, pourriez-vous dire. Quelle puissance dans la simplicité ! Quelle harmonie !

FLOSS

Si je puis, Monsieur Stark, vous renseigner à la place de mon père...

STARK

Oh ! ma mission est bien simple ; je suis chargé par un ami de traiter une affaire importante avec votre illustre père...

FLOSS

Une affaire qui concerne "La Tentatrice"... ?

STARK

Peut-être !

ANNETTE *(bas à Floss)*

Je te gêne, je crois ?

FLOSS *(à mi-voix)*

Reste, reste !

ANNETTE *(même jeu)*

Tu es encore toute tremblante...

FLOSS *(bas à Annette)*

J'ai l'impression que je dois veiller...

STARK *(qui a observé sans en avoir
l'air les différentes œuvres
exposées dans l'atelier)*

Cet ami voudrait avoir une idée du nouveau chef-d'œuvre. Il a une admiration sans bornes pour les œuvres de Jean-Marc Morise, mais comme il s'agit, je vous l'ai déjà dit, d'une affaire considérable...

FLOSS

Vous êtes chargé... par cet ami...

STARK

Mais mon Dieu, Mademoiselle, de voir... ou plutôt d'entrevoir cette fameuse "Tentatrice" dont tout Paris parle déjà et je crois qu'il vous serait facile...

(Il va instinctivement vers la statue voilée.)

FLOSS

Impossible, Monsieur, tant que mon père ne sera pas là je ne puis consentir à vous montrer...

STARK

Vous m'avez pourtant laissé entendre, Mademoiselle, que vous remplaciez votre père...

FLOSS *(inflexible)*

La statue est invisible !

STARK

Si Jean-Marc Morise savait de quelle affaire il s'agit...

FLOSS

Je ne puis découvrir la statue sans son ordre !

STARK

Laissez-moi vous dire que vous n'êtes guère adroite, Mademoiselle... Si le maître était là...

FLOSS

Monsieur, mon père est particulièrement jaloux de cette nouvelle œuvre. Elle ne doit être connue que le jour de son exposition ! Il me l'a répété souvent et je vous affirme...

STARK

Pourtant, Mademoiselle, permettez-moi de vous dire qu'en ne parlant que de votre intérêt...

FLOSS

Pour mon père l'intérêt artistique passe avant l'autre !

STARK

Évidemment les grands artistes raisonnent tous ainsi ! *(Montrant la statue cachée)* " La Tentatrice " !... Si je soulevais... *(Il fait le geste de découvrir l'œuvre.)*

FLOSS *(lui barrant la route)*

Ce n'est qu'une plaisanterie n'est-ce pas ?

STARK *(cachant son dépit sous un sourire)*

Soit ! soit ! je vois qu'il faut que je m'adresse à Jean-Marc Morise lui-même... Il est difficile d'ailleurs de parler affaire à des dames !

FLOSS

Tant mieux, si vous l'avez compris !

STARK

Je reviendrai à la condition que mon ami veuille bien attendre... mais je ne garantis rien, Mademoiselle, absolument rien.

FLOSS

Bonsoir, Monsieur Stark ! Annette, veux-tu accompagner Monsieur !

STARK *(sur le seuil)*

L'illustre artiste regrettera peut-être...

FLOSS

Je ne crois pas, vraiment...

STARK

Je reviendrai. Si mon ami consent à attendre. Mes hommages, Mesdemoiselles... !

FLOSS *(un éclair d'ironie dans les yeux)*

Au revoir, Monsieur Stark, au revoir !

(Sort Stark.)

SCÈNE VII

FLOSS, ANNETTE, puis MORISE

ANNETTE

Quel courage tu as eu après ce que tu venais de me dire !

FLOSS *(toute frémissante encore)*

Voilà comment il faut nous défendre !

ANNETTE

Vous défendre ?

FLOSS

Ce vilain Stark ne venait que pour voir " La Tentatrice ", la voir et prendre un croquis peut-être. Si tu savais comme il faut nous méfier ! Une imprudence, une seule, et le secret d'une œuvre s'envole !

ANNETTE

Mais enfin, cette affaire...

FLOSS

Simple prétexte ! D'ailleurs nous verrons bien.

ANNETTE

Tu as fait un grand effort !

FLOSS *(sincère)*

Mais non, mais non ! J'oubliais en plaidant notre cause. C'est l'art que tu accuses, l'art qui me reprenait tout entière. Il me semblait que je défendais mon bien, ma chose. Annette, le meilleur de ma vie est ici malgré le courant qui m'emporte !

ANNETTE

Qui t'emporte ? Que veux-tu dire...

FLOSS

Car enfin si père résistait...

ANNETTE

Tu dois tout tenter !

FLOSS *(douloureuse)*

Il me semble que je suis une pauvre plante qu'on déracine !

ANNETTE

Écoute !...

FLOSS

Père !...

ANNETTE

N'hésite pas surtout à lui dire...

FLOSS

Il frappe ! *(allant ouvrir)* Voilà... Voilà...

(Entre Morise, un carton de dessins sous le bras.)

MORISE

Ah ! vous êtes encore ensemble, tant mieux !
(à Annette) Eh bien as-tu réussi ?

ANNETTE

A la rendre raisonnable ?... *(regardant Floss)* Je l'espère !

MORISE

Elle travaille trop. Je te l'avais bien dit !...

FLOSS *(les interrompant)*

Tu reviens content ?

MORISE

Mais oui... Orsandi m'a soumis une esquisse admirable...
Nous allons travailler ensemble.

ANNETTE

Un nouveau chef-d'œuvre va naître !

MORISE

Chef-d'œuvre ! Petite, tu ne peux pas savoir !

ANNETTE

C'est vrai, je suis une ignorante en matière d'art...

MORISE

Non, tu dis quelquefois des sottises, mais tu as un certain bon sens !

ANNETTE

Merci pour le compliment. *(à Floss qu'elle regarde de temps en temps avec anxiété)*
Floss, tu ne dis pas à ton père que tu as reçu une visite tout à l'heure !

FLOSS *(comme au sortir d'un rêve)*

C'est vrai !

MORISE

Un camarade ?

ANNETTE

Mieux que cela !

FLOSS

Un marchand !

MORISE

Ah bah ! *(regardant autour de lui)* J'espère pourtant que je vais retrouver tous mes gosses !

FLOSS *(à Annette, montrant les statues)*

C'est comme cela qu'il les appelle !

ANNETTE *(pour distraire son amie)*

Une grosse affaire, paraît-il.

MORISE *(sceptique)*

Dont on ignore le chiffre... Je vois ce que c'est !...

FLOSS

Connais-tu Stark?

MORISE

Ce nom me dit quelque chose !

FLOSS

Tu feras bien de te renseigner. Il voulait absolument voir " La Tentatrice "...

MORISE

Tu as refusé, j'espère !

FLOSS *(à Annette)*

Qu'est-ce que je t'avais dit ?

ANNETTE

Il fallait entendre votre fille. Oh ! ce ton : " La statue est invisible ! ". Elle est étonnante !

MORISE *(ravi)*

Bien joué ! Ces marchands sont souvent des pirates ! Enfin tu as vu comme elle me défend ! Qui la remplacerait, Annette ?

ANNETTE

Ma foi, je ne sais pas vraiment !

MORISE

Le bonheur est installé chez nous !

FLOSS *(bas, à Annette)*

Assez, assez...

ANNETTE

L'heure avance. Il faut que je regagne mes pénates !

MORISE

As-tu du feu au moins par ces brouillards d'automne ?

ANNETTE *(hésitant)*

Moi ? J'ai surtout de bons souvenirs ! Des souvenirs, c'est de la chaleur aussi... Quand il fait sombre et froid, ça pétille !

FLOSS *(l'embrassant)*

Tu es admirable !

MORISE

Toujours satisfaite ! *(doucement)* C'est égal... quand les souvenirs ne suffiront plus... viens te chauffer chez nous !

ANNETTE

Merci, grand ami ! *(bas à Floss)* Fais ce que je t'ai dit ; je suis avec toi de toute mon âme...

FLOSS *(à Annette)*

Annette, voici le moment terrible !

ANNETTE *(bas)*

Courage... bon espoir !

(Sort Annette.)

SCÈNE VIII

FLOSS, MORISE

MORISE

Ah ! cette Annette ! *(curieux)* Mais elle a donc de bons souvenirs ?

FLOSS *(essayant de sourire)*

Elle est fiancée !

MORISE

Bah ! et pourquoi tant de mystère ?

FLOSS

Il s'agit je crois d'un mariage des plus modestes, mais elle àime son fiancé de tout son cœur.

MORISE

Allons, bravo ! Pourvu que ce garçon la mérite... La cachottière ! Il faudra que je l'interroge.

FLOSS

Elle est heureuse !

MORISE

Si tu en es sûre. Annette fiancée ! tant mieux ! tant mieux !

FLOSS *(pour changer de sujet)*

Cette esquisse d'Orsandi ?

MORISE

A dépassé toutes mes espérances ! Tu verras... Orsandi a un talent superbe !

FLOSS

J'aime bien ce qu'il fait !

MORISE

Une vigueur étonnante !

FLOSS (à part, très troublée)

Il faudrait... oui... c'est le moment !

MORISE

Où as-tu mis mon ébauchoir ? *(Il disparaît derrière la tenture)* Une retouche à faire au buste de Lantier !

FLOSS (faisant semblant de chercher)

Je le cherche... *(très émue, à part)* Le temps passe... passe...

MORISE (derrière la tenture)

Et Annette ne t'a rien raconté de neuf en dehors de ses fiançailles bien entendu ? Ça alors, c'est la grosse nouvelle !

FLOSS

Annette... oui... *(à part)* c'est une idée, si je disais *(haut)* Annette m'a dit... Figure-toi qu'elle a rencontré...

MORISE

Qui ça ?

FLOSS

Quelqu'un que tu n'aimes pas beaucoup !

MORISE

Dis toujours !

FLOSS *(très troublée)*

Presque un ennemi.

MORISE

Je ne devine pas... *(il reparaît écartant la tenture)* Un confrère sans doute...!

FLOSS

Un jeune !

MORISE

Plus acharné que les autres alors ! Le nom... il faut que je te l'arrache...

FLOSS

Oh ! mon Dieu ! *(vivement comme poussée par une force instinctive)* René Dornier !

MORISE *(à mi-voix)*

Ha ! ha ! jolie figure, vilaine âme !

FLOSS

Il a beaucoup maigri, dit-elle !

MORISE

Vraiment ?

FLOSS

Tu ne le reconnaîtrais pas !

MORISE

Il est si changé que cela !

FLOSS

Affreusement... Il travaille, il travaille... sans relâche... Annette affirme...

MORISE

Son bonheur la trouble !

FLOSS

Non, non, il paraît qu'il n'exagère rien !

MORISE

Toi, tu l'as revu ?

FLOSS *(troublée)*

Papa !

MORISE

Tu n'affirmerais pas ainsi au nom d'un autre. Non...
non ! tu l'as revu et je connais ton indulgence.

FLOSS

Il a expié peut-être !

MORISE

Permets-moi d'en douter !

FLOSS

Pourtant...

MORISE

Oh ! pour du talent il n'en manque pas, mais avec le
vice qu'il a, son talent est fauché d'avance ! Rien à faire !

FLOSS

S'il guérissait un jour !

MORISE

Quelle enfant ! *(sur un geste de protestation de Floss)* Oui,
il a dû te jurer... Serment de joueur... c'est tout dire !...

FLOSS

J'avoue qu'il a jadis abusé de ta confiance !

MORISE

J'ai tout fait pour lui tendre la planche ! Et il n'a pas hésité à entraîner Denis ! Ayez donc le beau geste ! Et tu voudrais, toi...

FLOSS *(avec une humilité presque suppliante)*

Le sauver une seconde fois !

MORISE *(sursautant)*

Ça c'est trop fort !...

FLOSS

C'est si bon d'être trop bon. Et tu l'es souvent ! Oublies-tu le nom que je t'ai donné... Petit-bon !

MORISE

Toi, tu pardonnerais à tout le monde ! *(la regardant dans les yeux)* Mais aujourd'hui, je le sens bien, il y a autre chose. Dornier t'aura suppliée d'intervenir. Il a essayé de t'attendrir, je vois cela.

FLOSS *(inquiète)*

Pourquoi croire ?

MORISE

Je n'ai qu'à te regarder. Laisse-moi mieux te regarder encore... Tu t'es apitoyée sans doute sur les histoires qu'il invente. Les femmes sont si sensibles, si crédules ! Il aura profité de l'occasion...

FLOSS

Eh bien, quel mal y a-t-il à cela ?

MORISE

Il a même dû insister. La chose est probable ! Tu étais comme une sœur pour lui quand il a passé trois mois à l'atelier !

FLOSS *(la voix tremblante)*

Oui, une sœur !

MORISE

Il t'appelait par ton nom : Floss, Flossy...

FLOSS

Comme les autres !

MORISE

Mais avec un accent plus tendre...

FLOSS *(joignant les mains)*

Eh bien, c'est au nom de ce passé !...

MORISE

Ah ! il y a un passé ! car il t'a fait la cour n'est-ce pas ? Oui... c'était logique ! Mademoiselle Morise, la fille de son maître et tu l'écoutais alors ? dis-moi tout... Je ne me fâche pas... là... tu vois... puisque c'est le passé... qu'importe ! tu peux parler maintenant, tu peux parler !

FLOSS *(hésitante, à mi-voix)*

Tu m'en voudras !

MORISE *(sans l'entendre)*

Dornier est joli garçon. Il a eu tant de succès, tous les succès... Dornier a du charme ! Il ne t'a pas déplu, dis-moi la vérité.

FLOSS

Mon Dieu... je mentirai si...

MORISE *(en colère)*

Ah ! tu vois bien ! Tais-toi. tais-toi. Je lis dans tes yeux. Je ne veux plus savoir... Dornier... ha ! la belle aventure ! Dornier ! Floss, ma Flossy, je ne veux plus savoir !

FLOSS *(éplorée)*

Papa !

MORISE

Il ne t'aura jamais, tu m'entends, jamais ! C'est moi qui te le jure... ! Dornier ! mais ce serait la fin de tout ! Lui !... un joueur, un joueur voler une âme comme la tienne... ha ! ha ! lui ! c'est risible ! Tu l'oublieras...
(attirant Floss, malgré elle)
Viens dans mes bras, viens dans mes bras !

FLOSS *(la tête sur ses genoux,*
murmure)

Tout est fini !

MORISE

Nous rêvons... tiens, nous rêvons... Je sens que tu oublies déjà... contre ma poitrine ! Songe à notre œuvre... oui, à notre œuvre... car elle est la tienne aussi !

FLOSS *(doucement)*

Si peu !

MORISE

Non, non, je l'ai souvent dit aux autres ! Tu m'éclaires sur mille choses. N'as-tu pas tout à l'heure encore défendu ''La Tentatrice'' ?

FLOSS *(émue encore)*

C'était si naturel !

MORISE

Parlons de Stark, veux-tu...? Quelle ironie ! c'est la silhouette de ce louche marchand qui va chasser tous les nuages !

FLOSS

Tu devrais prendre des renseignements sur lui... J'ai pu me tromper...

MORISE

Rennes connaît tous ces gens-là bien mieux que moi. J'ai envie d'aller le trouver de suite. Il doit être chez lui à l'heure du dîner.

FLOSS

Oui... tu devrais...

MORISE

Oh ! je n'attache à la démarche de ce Stark aucune importance ! Je ne me souviens que d'une chose, tu as encore défendu mon œuvre, voilà l'essentiel ! Tu vois, nous parlons comme autrefois maintenant... Il n'y a rien de changé, rien de changé, je te le jure ! Je vais courir jusque chez Rennes. Il demeure à deux pas d'ici. Tu me suivras... des yeux... n'est-ce pas... oui, de là... par la fenêtre *(lui caressant doucement le front)* rien ne s'est passé, rien ne s'est passé !

FLOSS *(à mi-voix)*

Je le crois aussi...! *(aidant son père)* Ton pardessus ! Ta canne !

MORISE

Ne bouge pas... je reviens. Je t'apercevrai longtemps derrière la vitre...

FLOSS *(l'embrassant)*

Petit-bon ! va...

MORISE

Ne bouge pas... je reviens...!

FLOSS *(sur le seuil)*

Oui... je t'attends !

(Sort Morise.)

SCÈNE IX

FLOSS, FERNAND, (un instant) puis René DORNIER

FLOSS *(après avoir sonné, s'adressant
à Fernand qui vient d'entrer)*

Ah ! te voilà revenu ? Tu diras à Antoinette de retarder un peu le dîner. Monsieur ne rentrera que dans une demi-heure...

FERNAND

Il y aura deux couverts à mettre, Mademoiselle ?

FLOSS

Mais oui, deux couverts, naturellement.

(Sort Fernand.)

(Floss est allée vers la baie vitrée. On la voit faire encore un geste d'adieu à son père, puis s'éloignant de la fenêtre, elle se laisse tomber sur le divan.)

Je ne pourrai plus jamais lui dire, maintenant, plus jamais...

(un coup à la porte)

On frappe !

(elle ouvre ; René Dornier est devant elle)

Toi... toi... tu as osé !

(Floss est comme éblouie, l'interrogeant des yeux anxieusement.)

RENÉ

Je passais devant la maison comme cela m'arrive souvent ; j'ai vu sortir ton père... Une envie irrésistible m'a pris de grimper les deux étages, quatre à quatre, comme autrefois, et me voici Flossy, pour t'embrasser, pour te dire...

FLOSS

Et Fernand qui était ici il y a une minute encore !

RENÉ

Fernand... votre petit domestique ? Bah ! avec une pièce d'argent !...

FLOSS *(riant)*

Quel cynisme !

RENÉ

Qu'importe, dis-moi que tu es heureuse, petite folle !

FLOSS

Fou toi-même, comment as-tu pu... ?

RENÉ

Voilà longtemps que j'avais soif de revoir cet atelier où j'ai passé les meilleurs jours de mon existence... C'est ici que nous avons travaillé ensemble, que j'ai senti pour la première fois que tes yeux me parlaient dans le silence... !

FLOSS (radieuse)

Tais-toi ! tais-toi !

RENÉ

Avez-vous quelques minutes pour causer ?

FLOSS (subitement inquiète)

Père a été demander un renseignement à un ami !

RENÉ

Qui demeure loin ?

FLOSS

A dix minutes d'ici.

RENÉ

Nous avons donc un grand quart d'heure à nous...

FLOSS

René, je t'en supplie !

RENÉ

Tu sais bien que rien ne m'effraie. Eh bien ! as-tu osé enfin ? Où en sont nos projets ?

FLOSS (avec un grand geste de
désespoir)

Nous n'avons rien à espérer !

RENÉ

Pourtant... il faut... si ton père savait que je suis guéri, guéri par toi !

FLOSS

A quoi bon, il ne voudra jamais croire...

RENÉ

Qu'as-tu osé... lui dire ?

FLOSS

J'ai dit... j'ai dit... J'ai saisi au vol la première occasion
qui se présentait. Annette m'avait conseillé de lui parler
d'une rencontre ! Je lui ai dit que mon amie t'avait revu...
que tu étais malade... très changé... mais il a deviné tout
de suite que je t'avais croisé, moi-même, sur ma route !
Ah ! son regard qui me scrutait, qui voulait savoir...

RENÉ

Et tu as faibli... tu ne lui as pas crié que notre amour...

FLOSS

Son désespoir était si près, si près... J'ai lu d'avance
dans ses yeux l'immense désolation qui allait naître !

RENÉ

Tu as pleuré dans ses bras... sans oser dire...

FLOSS

Il a compris !

RENÉ

Qu'a-t-il compris...? Il ne sait rien, rien de ce qui est...
Sait-il que chaque jour tu me retrouvais, que tu es à moi,
à moi, c'est impossible. Que sait-il ? Petite folle... souviens-
toi... souviens-toi...

FLOSS *(défaillante)*

Si je me souviens ?

RENÉ

C'est dans mes bras que tu as appris la vie, frissonnante
encore ! Ah ! ces baisers, que tu fuyais, que tu cherchais !
n'est-ce pas que la lumière pour toi a changé sur les
choses ; dis-moi qu'elle a changé...

FLOSS *(éperdue)*

C'est vrai, c'est vrai !

RENÉ

Nous sommes des artistes, Floss ! voilà ce qu'il faut te dire sans relâche... Ton père lui-même n'admet que le culte de la beauté ici-bas ! Il t'a appris que tout ce qui était vraiment beau était d'une pureté, d'une santé parfaite. Les scrupules ne peuvent qu'amoindrir des âmes comme les nôtres... Tu es belle... tu es belle... je devais t'aimer !

FLOSS *(dans ses bras)*

Oh ! cette voix... qui ment peut-être ! mais qui est si douce... si douce !

RENÉ *(brusquement)*

Floss, il faut me suivre !

FLOSS *(effrayée)*

Te suivre... ?

RENÉ

Je ne pourrais plus vivre sans toi ! Toi-même pourrais-tu continuer près de ton père cette vie d'angoisse et de mensonges ! Soyons sincères... Aimons-nous dans la lumière, affranchis des scrupules qui paralysent, mais dans la lumière.

FLOSS *(joignant les mains)*

Que me demandes-tu ?

RENÉ

Toi-même, tu as dû penser par moments... c'est inévitable, avoue-le sans honte... tu as dû penser qu'un départ soudain...

FLOSS *(comme égarée)*

Moi ? Je ne sais pas, je ne sais plus...

RENÉ

Le passé... n'est que le passé. Le présent est plus fort que tout et le présent c'est notre amour, c'est ton amant qui t'emporte.

FLOSS

René...!

RENÉ

Il faut me suivre ! Tu es ma femme, tu le sais bien ?

FLOSS

Partir... partir... ainsi... quitter père... l'œuvre qu'il veut bien appeler... *la nôtre.*

RENÉ

Si tu hésites Floss, je ne serai plus que celui que tu as connu jadis, un être désemparé, sans force. C'est toi qui m'as transformé... c'est toi...

FLOSS

René !

RENÉ

Si tu m'abandonnais, j'aurais peur encore... peur de toute ma faiblesse !

FLOSS

T'abandonner ? jamais !... mais plus tard, père devinera... tu sais bien qu'il finira par comprendre...

RENÉ

Non... Je ne sais plus qu'une chose ; tu ne partirais
plus si tu restais encore ce soir...!

FLOSS *(éperdue)*

Ce soir ?

RENÉ

Souviens-toi du passé. Tu m'es attachée par un souvenir
plus fort que tout autre lien sur la terre...

FLOSS *(épouvantée)*

Je t'en conjure... René !...

RENÉ

Ton père va rentrer... nous n'avons que quelques
instants à nous... Je t'attendrai près d'ici... en face du
libraire... tu peux me rejoindre en moins de cinq minutes... Une fois chez nous tu écriras à ton père... je te
le promets...

FLOSS

Cette seule pensée...!

RENÉ

J'ai pensé pour toi... Si tu réfléchissais toi-même tu
n'oserais plus...

FLOSS

Me décider... si brusquement !

RENÉ

Je t'attendrai... je te le répète.

FLOSS

Ah ! par pitié ! par pitié !

RENÉ (l'enlaçant)

Tu m'appartiens, mon tendre amour… Si je te perdais, dis-toi bien que je serais capable d'une folie *(avec un sourire douloureux)* oui, je jure…

FLOSS

Ah ! tais-toi ! *(effondrée)* Je n'ai plus de volonté…! plus de volonté !

RENÉ (les yeux dans ses yeux)

Tu me suivras !!

(Sort René.)

SCÈNE X

FLOSS seule, le petit FERNAND (un instant).

FLOSS

René ! Il est parti ! et père qui va rentrer… *(à Fernand qui vient de paraître)* Fernand, c'est toi !

FERNAND

Monsieur n'est pas là ?

FLOSS

Non, pas encore, mais il va rentrer… dans quelques minutes, je pense… oui… quelques minutes… *(Avec angoisse, tentée malgré elle)* J'aurais encore le temps !… *(Elle s'arrête sur le seuil de la pièce voisine)* Ces deux couverts !

FERNAND

Mademoiselle m'avait bien dit...

FLOSS

Oui, tu as raison... Fernand, tu as raison, deux couverts comme tous les soirs !

(Sort Fernand.)

FLOSS *(seule)*

Partir ainsi... partir... ! non c'est impossible ! *(Les bras tendus vers les silhouettes blanches des statues, plus blanches encore dans le crépuscule)* Qui... qui de vous me retiendra ? *(Allant à celle qu'un voile recouvre)* Toi, sa dernière œuvre, celle qu'il préfère... ''La Tentatrice ! ''... Dis-moi que je dois rester... dis-moi... *(Et voici la statue qui rit, éblouissante, devant elle)* Mais non, non, père t'a créée... trop vivante... trop vivante ! C'est la Vie même qui me fait signe... *(Dans un geste d'élan et de désespoir)* René ! *(Elle a brusquement saisi son chapeau et elle fuit, fuit vers la porte comme hypnotisée par '' La Tentatrice'' qui l'attire et l'éloigne au même instant.)*

(Rideau)

FIN DU Iᵉʳ ACTE

ACTE II

———

Six mois plus tard. — Le même atelier, mais comme transformé en salon élégant, trop embelli. Meubles anciens, tapis d'Orient. — Les œuvres du Maître semblent avoir été reléguées au second plan. — On aperçoit seulement dans l'ombre " La Tentatrice ".

———

SCÈNE PREMIÈRE

JUVIENNE, ALCANTHOZOR, DISETTE,
JUSTINE (un instant).

JUSTINE *(introduisant les amis de Morise)*

Que ces Messieurs se donnent la peine d'attendre... Madame va descendre dans un instant !

(Sort Justine.)

JUVIENNE *(souriant aux autres)*

Madame !

ALCANTHOZOR *(un doigt sur les lèvres)*

Chut !

JUVIENNE

On n'ose plus parler à voix haute !

DISETTE *(admirant le tapis)*

Tout l'Orient moelleux !

JUVIENNE

On marche à petits pas !

ALCANTHOZOR *(à Disette)*

Hein... c'est changé ?

JUVIENNE

C'est vrai, c'est la première fois qu'il revient depuis qu'il a été malade !

DISETTE

Je n'aurais jamais cru que Morise... Depuis combien de temps Aveline et lui...

JUVIENNE

Ma foi, deux mois après l'aventure de la petite ! Ah ! si vous l'aviez vu le jour de l'abandon...! Floss n'était pas rentrée de toute la soirée. Quand il a reçu la lettre inéxorable, j'ai cru qu'il allait tomber...

ALCANTHOZOR

Oui, tu étais là !

JUVIENNE

Il m'avait fait appeler au premier moment d'affolement pour trouver une piste...

DISETTE

Et son mal a fini par s'endormir !

ALCANTHOZOR

Voilà six mois de cela !...

JUVIENNE

Quelques semaines après le départ de Floss, Rennes se brouillait avec sa maîtresse.

ALCANTHOZOR

Et Morise n'avait pas oublié le médaillon !

DISETTE

Oui, le fameux portrait que Rennes...

ALCANTHOZOR

Le portrait...! le portrait...! C'était à cette place !

DISETTE

Bizarre tout de même ! Morise à son âge...

JUVIENNE

L'artiste est un amant qui ne vieillit pas.

ALCANTHOZOR

Oh ! ce parfum ! *(Il le respire avec ostentation.)*

JUVIENNE

La rose pourpre... mes amis, je m'y connais !

DISETTE

Jadis c'était la violette !

ALCANTHOZOR

Dame... un parfum de jeune fille !

JUVIENNE *(avec regret)*

Le parfum aussi a changé !

DISETTE

Et cette Aveline que Rennes cachait si jalousement...

ALCANTHOZOR

Tout ébahie encore de l'aubaine qui lui arrive... La maîtresse d'un homme illustre... Morise...! C'est un changement après notre ami Rennes !

DISETTE

Petit talent !

ALCANTHOZOR

Sous-Boldini de jolies femmes !

DISETTE

Et puis Morise a de bonnes rentes !

JUVIENNE

Bonnes pour les quenottes prêtes à les croquer !

DISETTE

Enfin, la blonde Aveline s'épanouit, je vois cela...

JUVIENNE

Oui... dans le luxe, comme une fleur de serre... Quant à l'amour de l'Art... pfft !

ALCANTHOZOR *(à mi-voix)*

Elle a chanté à Alger...

DISETTE *(même jeu)*

Dans les cafés, dit-on...

JUVIENNE

Oh ! le vernis de Paris a tout recouvert. Mais, un mot, un geste, le passé ressuscite, plus vite qu'on ne pense...

DISETTE

Alger... bigre ! cela ne doit pas manquer de saveur ! *(puis soudain)* Tiens des cartes...! Aveline doit les tirer !

ALCANTHOZOR

Tu ne penses qu'à elle !

JUVIENNE

Du temps de Floss on était tranquille au moins ! Pas de tentation possible !

ALCANTHOZOR

Où est Floss, notre franche et limpide camarade ?

DISETTE

Ah ! celle-là aimait l'art pour l'art...!

JUVIENNE

Chut ! on vient...

SCÈNE II

JUVIENNE, ALCANTHOZOR, DISETTE, AVELINE

AVELINE

Excusez-moi... j'avais une migraine... *(apercevant Disette)*
Ah ! voilà le troisième larron !

JUVIENNE

Disette, peintre affamé...

DISETTE

De vos jolis yeux...!

AVELINE *(souriant)*

Maigre repas !... Je n'entends parler que de vous !

DISETTE

Moi... de même.., et si cette vilaine crise de rhuma-
tismes...

AVELINE

A votre âge !...

DISETTE *(comique)*

J'ai trop vécu !

AVELINE

Heureux malheur !
(Montrant l'atelier au nouveau venu)
Que pensez-vous de tout cela ? changement à vue,
hein ? C'était banal jadis ? Voilà... quelques étoffes au
mur... deux ou trois vieux bahuts, un fouillis de feuil-
lage !

ALCANTHOŻOR

Cent fois mieux qu'avant !...

DISETTE *(à mi-voix)*

Menteur !...

JUVIENNE *(bas à Disette)*

Que penses-tu de l'amande grillée ?

DISETTE *(même jeu)*

Une bonne fille !

JUVIENNE *(tout bas)*

Éblouie surtout ! Ne t'y fie pas trop !

AVELINE *(à Disette)*

Tope là !... amis !

DISETTE *(avec effusion)*

Amis !

JUVIENNE

Et Morise ? Il se fait attendre...

AVELINE

Je crois qu'il a dû passer chez le bijoutier !

JUVIENNE *(avec une curiosité inquiète)*

Il ne travaille plus ?

AVELINE

Pas pour le moment !

DISETTE *(à mi-voix)*

Trop occupé !

AVELINE

Il ne faut pas qu'il se tue cet homme ! Vient un moment
d'abord où la gloire suffit !

DISETTE *(lyrique)*

Où l'on songe à l'Amour !

AVELINE

Vous deviez tous être jaloux de lui ! Sans le vouloir notre amour vous a rendu service... Morise vivant sur ses anciens lauriers, vous avez le champ libre.

DISETTE *(à Alcanthozor)*

Tu l'entends, l'heure de ta gloire a sonné !

AVELINE

Et sa fille ? L'avez-vous rencontrée ?

JUVIENNE

Pas ces jours-ci.

AVELINE

Toujours amoureuse ? Quand se sont-ils mariés ?

ALCANTHOZOR

Voilà cinq mois à peine.

AVELINE

Je serais très curieuse de voir le couple de près !

ALCANTHOZOR *(bas à Juvienne)*

Elle manque de tact !

AVELINE

Ah ! ce Dornier, joli garçon, il faut le reconnaître...

JUVIENNE

Vous l'avez aperçu ?...

AVELINE

Le hasard d'une rencontre !...

ALCANTHOZOR

Ah bah !

AVELINE

Figurez-vous... Baissons la voix. Figurez-vous que l'autre jour, le maître et moi, nous sortions ensemble. Au coin de la rue, une auto nous a frôlés, j'ai poussé un cri ! Et voici qu'un jeune homme a fait stopper la voiture, est descendu vers nous. Morise a pâli... Quelques excuses balbutiées... Je n'ai pu qu'entrevoir, à travers ma frayeur, des yeux de jais, une moustache fine... Le maître a murmuré : le mari de Floss !

ALCANTHOZOR

Ah ! le brigand !

JUVIENNE

Du calme !...

AVELINE

Il est bien, certainement très bien, ce Dornier... Des yeux d'une profondeur étrange. Alors c'est un grand joueur ?

DISETTE

Le " Bac " incarné !

JUVIENNE

Il est guéri, dit-on.

ALCANTHOZOR

Oui. C'est Floss qui dit cela !

AVELINE

Sa première victoire ! Mais lui, lui l'aime-t-il vraiment !

JUVIENNE

Ah ! Dornier a tout du chasseur audacieux ! Sa violence
même était une preuve de sa sincérité quand il a réussi à
la conquérir... Mais la première ivresse passée, je ne jure-
rais pas... Dornier, au fond, est un faible ! Combien de
temps l'aimera-t-il ?

AVELINE

Et elle, elle ?

JUVIENNE

Oh ! elle, elle l'aime profondément, douloureusement
aussi, car enfin ce dut être un déchirement terrible...

AVELINE

Oui, je sais... Avoir consenti à se séparer de son père !
Sa toquade c'était la gloire paternelle !

DISETTE

Être partie ainsi... !

ALCANTHOZOR

C'est effroyable !

JUVIENNE

C'est beau !

AVELINE

Bah... sait-on jamais, le temps est un si grand maître !
Morise pardonnera peut-être...

JUVIENNE

Comment... vous prévoyez ?

AVELINE

Mais je n'y verrais aucun inconvénient...

DISETTE

Pourtant...

AVELINE

Cela vous étonne, vous ! Au fond... voyez-vous je ne suis pas méchante... Oui vous pensez : cette brouille la sert merveilleusement. Si elle n'avait pas existé, il eût fallu l'inventer ! Mais, mes amis, votre façon de raisonner est pitoyable ! Si Floss est partie, je lui dois beaucoup...

ALCANTHOZOR *(ébahi)*

Et vous voudriez...

AVELINE

Ah ! je ne dis pas qu'une réconciliation entre le père et la fille soit indispensable... pour mon bonheur. Et pourtant, admettez, admettez que Morise, un jour, puisse me reprocher...

JUVIENNE

Ce que vous n'avez pas causé...

AVELINE

L'éloignement de sa fille... En amour voyez-vous l'audace est souvent de la prudence !

JUVIENNE *(à part, à Disette)*

Possible après tout...'

AVELINE

Et puis j'éprouve une joie véritable à foncer sur l'obstacle ! Simple curiosité ! oui, curiosité de savoir...! Quand je serai sûre que Morise ne pourra plus se passer de moi quoique je fasse...

ALCANTHOZOR

Vous l'amènerez à pardonner à Floss d'abord, à Dornier
ensuite !

AVELINE (riant)

Oh ! ça alors !

ALCANTHOZOR

Bah... peut-on savoir...!

AVELINE (à part)

Dornier, c'est lui que je voudrais revoir !

JUVIENNE

La voilà pensive !

DISETTE (presque tenté)

Aveline, folle Aveline !

AVELINE

Taisez-vous... Voici qu'il rentre...

SCÈNE III

JUVIENNE, ALCANTHOZOR, DISETTE,
AVELINE, MORISE

MORISE (entrant, bourru un peu)

Ah ! (dans ses dents) sacrés copains !

JUVIENNE

Eh bien ! les nouvelles, vieux ?

ALCANTHOZOR

Excellentes, je pense !

MORISE

Oui, mes amis... *(à Disette)* Tiens te voilà, toi aussi ?

DISETTE

Tu n'as pas l'air enchanté de me revoir ! J'ai été très souffrant, tu sais...

MORISE

Tu as une mine superbe !

DISETTE

Toi de même... tu as rajeuni...!

MORISE

Vraiment ?

DISETTE *(souriant)*

Rien d'étonnant d'ailleurs !

ALCANTHOZOR

Dame, ta maison est le paradis de la jeunesse !

MORISE *(regardant Aveline)*

C'est vrai... c'est vrai !

JUVIENNE *(bas à Alcanthozor)*

Assez... Il n'a pas oublié.

ALCANTHOZOR

Qui ça... la petite ?

JUVIENNE

Parbleu !

DISETTE *(à Morise)*

Et tes œuvres ?

MORISE

L'exposition est remise...

JUVIENNE

Tiens, tiens !

MORISE

J'ai eu l'occasion de vendre l'original de « Psyché » et de « l'Enfant dans les Champs » !

AVELINE

Une occasion superbe...!

MORISE

Unique !

JUVIENNE

Alors, tu renonces à exposer ?

MORISE

Je verrai plus tard...

ALCANTHOZOR

Après tout les vacances de Pâques approchent... Le moment n'était pas très favorable...

MORISE

C'est ce que je me suis dit.

DISETTE

Le moyen de refuser de vendre ses œuvres un prix unique !

MORISE *(à Aveline, sortant un écrin de sa poche)*

Voilà ce que je t'avais promis... *(Il lui passe l'écrin.)*

AVELINE *(ravie)*

Tu m'as trop gâtée !

ALCANTHOZOR

Voyons... le joyau !

DISETTE

Des perles roses !

JUVIENNE *(bas à Disette)*

Des perles... Voilà ce qu'on fait avec du marbre... le prix du chef-d'œuvre vendu !

DISETTE

Tais-toi, pendard !

AVELINE

Elles sont d'un orient merveilleux !

ALCANTHOZOR

On dirait qu'un reflet de soleil couchant les dore !

JUVIENNE *(bas à ses amis)*

Soleil couchant... est-ce une allusion...?

MORISE *(à Aveline)*

Tu es contente, c'est l'essentiel !

DISETTE

Ce n'est pas à moi qu'on donnerait des bijoux pareils !

ALCANTHOZOR

Quand tu vendras tes œuvres...!

DISETTE

Dis-donc, toi !

ALCANTHOZOR

Tu pourras les porter si ton amie les dédaigne...

DISETTE

Très spirituel !

MORISE *(bas à Aveline)*

Je trouve qu'ils ont baissé !

DISETTE

Et maintenant que tu t'es rendu compte que je n'étais pas trop démoli...

ALCANTHOZOR

On vous dit : bonsoir ! Oui, dépêchez-vous, les petits, on nous attend...!

DISETTE *(comique)*

Dans des tavernes ! *(bas à Morise)* Tu sais, on t'envie... sacré Morise !

MORISE

Je sais, je sais...

ALCANTHOZOR *(riant)*

Veinard...!

AVELINE

Au revoir... le trio !

(Sortent Disette, Alcanthozor et Juvienne.)

SCÈNE IV

AVELINE, MORISE

MORISE

Les voilà envolés !

AVELINE *(souriant)*

O désastre !

MORISE

Tu veux rire... tu sais bien qu'il n'y a plus que toi, que toi... *(l'embrassant avec passion)* Oh ! ce cou si tiède... ces bras frais...!

AVELINE

Tu n'as aucun regret...?

MORISE

Du diable si...

AVELINE *(le toisant)*

Là... dans tes yeux... je vois comme un nuage... à peine visible, mais un nuage quand même...

MORISE

N'abîme pas cette heure ! Le passé n'est que le passé...

AVELINE

Mais le présent est-il plus beau vraiment ?

MORISE

Il a ta figure...!

AVELINE

Il y a des moments où j'enlaidis tellement !

MORISE

Je ne l'ai jamais vu. Parlons de toi seule, de toi...

AVELINE

Mais tu dois songer au triomphe de jadis... Quand on est un grand homme... La gloire c'est beau !

MORISE

Pas tant que cela !

AVELINE

Si, si, c'est beau ! C'est parce que tu as été célèbre que je suis gâtée, que je suis heureuse ! *(Câline)* Alors bien vrai...? Tes autres femmes de pierre, tes gosses comme tu les appelles, tu ne les regrettes pas ?

MORISE

Grande gosse, toi-même ! La pierre est froide, la pierre... mais la vie, là, qui court dans tous tes membres *(couvrant ses bras de baisers)* c'est fou...! *(Brusquement il s'éloigne d'elle, s'écrie :)* Mais tu souris, tu souris, malgré tout... tu trouves que mon front est ridé... je ne suis plus jeune...!

AVELINE *(lui caressant le front)*

Là... là...

MORISE

Non, va je ne me fais jamais d'illusion et je suis un artiste...! Double raison pour y voir clair !

AVELINE

On est toujours jeune quand on est heureux !

MORISE

Aussi n'ai-je peur que de l'avenir !

AVELINE

Moi... du présent... car enfin même si tu ne songes plus comme autrefois à tes œuvres, à ta gloire... tu ne peux pas ne pas songer...

MORISE

A qui...?

AVELINE

Tu fais semblant de ne pas savoir... et pourtant tu dois sentir... oui... là... *(elle montre son cœur)* comme une blessure.

MORISE *(ému)*

Songer à quelqu'un... à qui cela...?

AVELINE *(vivement)*

Ta fille...!

MORISE

Tais-toi, tais-toi...!

AVELINE

Ah ! j'en étais sûre... tu ne l'as pas oubliée... c'était fatal ! Tout te la rappelle... le travail de dix années, tes plus beaux succès...

MORISE

Tu ne me connais pas !

AVELINE

Mais si... va... je sais... le souvenir de ta fille te hante encore. En veux-tu une preuve... une seule... *(brandissant un objet)* Tu as conservé son ébauchoir !

MORISE *(s'excusant)*

Oh...!

AVELINE

Son nom est sculpté dans le bois : Flossy...!

MORISE

Une épave ...!

AVELINE

Tu ne l'as pas oubliée... *(très calme)* Pourquoi l'oublierais-tu d'ailleurs ?

MORISE *(étonné)*

Et c'est toi... toi...! Tout est fini, pourtant !

AVELINE

Pas à cause de moi, j'espère ?

MORISE

Regarde-moi, regarde-moi bien !... Tu ne sauras jamais ce qui s'est passé entre nous... Floss m'a lâchement abandonné, lâchement, pour un homme indigne de notre art, indigne d'elle... Ce Dornier ! Jamais je ne pardonnerai à Floss, jamais...

AVELINE

En es-tu bien sûr ?

MORISE

Ha ! ha ! Elle a cru me défier. Je n'étais bon qu'à lui apprendre son métier... Un pauvre bonhomme ! Mais j'avais gardé le culte de la Nature, l'amour des belles lignes. Tant pis ! un artiste n'est jamais seul ici-bas ! Rennes naguère m'avait montré ton portrait... l'imbécile...! Un jour pouvait venir... où je te retrouverais, alors...

AVELINE *(souriant)*

Alors... *(à part, poursuivant son idée)* Elle peut revenir !

MORISE *(dans ses bras)*

Je t'aime. *(Puis inquiet)* On frappe !

AVELINE

Ah ! ce doit être...

MORISE *(tirant sa montre)*

Deux heures !

AVELINE

Annette... Elle va supplier encore !

MORISE

Inutile, je ne l'ai jamais reçue !

AVELINE

Après tout... que veut-elle ? te donner des nouvelles de ta fille... Si tu y consens, je la recevrai comme d'habitude.

MORISE

Reçois-la, mais tu sais, je n'y suis pour personne...

AVELINE

Pauvre grand !

MORISE

Je n'ai plus que toi au monde !

AVELINE (sans sincérité)

Je suis heureuse !

MORISE

Tu viendras... dis... dans quelques minutes...

AVELINE

Oui... *(souriant)* Elle s'impatiente... Je viendrai...

(Sort Morise, en la suivant des yeux.)
(Aveline va ouvrir.)

SCÈNE V

AVELINE, ANNETTE

ANNETTE

C'est moi, pardon... Monsieur Morise n'est pas chez lui ?

AVELINE

Pas plus que les autres jours... Que voulez-vous ? il faut se résigner, mademoiselle Annette !...

ANNETTE

C'est triste tout de même !

AVELINE

Asséyez-vous... Je vous reçois, moi, vous voyez bien...

ANNETTE

Il ne voudra jamais...

AVELINE

Vous pourrez toujours laisser une lettre de la part de
sa fille.

ANNETTE *(triste)*

Oui... une lettre... comme les autres jours *(elle la pose
sur la table voisine)*.

AVELINE

Votre mission est délicate, mademoiselle Annette, je
comprends que devant moi...

ANNETTE

Non, Madame, non. Je sais que vous n'êtes pas une
ennemie irréconciliable et que vous ne m'empêcherez
jamais de venir prendre des nouvelles de Monsieur Morise.
Mais avouez que la situation est pénible...

AVELINE

Infiniment pénible...!

ANNETTE

Monsieur Morise n'a pas parlé de Floss depuis l'autre
soir ?

AVELINE

Il fait tout au monde pour éviter qu'on la nomme !

ANNETTE

Ah ! voyez-vous ! c'est qu'on ne peut pas croire quand
on les a connus... autrefois.

AVELINE

Mais votre amie... aime, elle est aimée...

ANNETTE

Oui je pense, je pense... Malgré cela le passé n'a pas pu mourir en elle... et c'est ce qui fait...

AVELINE

Étrange pourtant ! Il me semble qu'un grand amour...

ANNETTE

On a beau faire... il y a des voix qui montent, qui montent...

AVELINE *(vivement)*

Ce Dornier a dû mal s'y prendre, ou bien sa femme n'est pas aussi amoureuse qu'on le croit... Enfin, voulez-vous que je vous parle franchement, mademoiselle Annette... Je ne suis pas une mauvaise fille, vous le savez bien...

ANNETTE

C'est vrai, Madame, et j'ai souvent été touchée...

AVELINE

Les jours passent... On peut peut-être tenter d'arranger les choses...

ANNETTE *(émue)*

Que voulez-vous dire ?

AVELINE

Si nous essayions à nous deux... Je parle du rapprochement de Floss et de son père. Écoutez, pour des cœurs
hardis la partie serait curieuse, passionnante même ! Si je
pouvais parler un instant à votre amie... ou seulement à
Dornier !

ANNETTE

Quand cela...?

AVELINE

Mais le plus tôt possible... avant la fin de la journée
peut-être...

ANNETTE

Justement à cette heure ils doivent être ensemble !

AVELINE *(déçue)*

Ah ! ensemble !

ANNETTE

Vous voudriez, Madame...

AVELINE

Écoutez-moi. Votre amie a été élevée très librement par
son père. Elle sait ce qu'est la vie d'un artiste et ma
présence ici la choquera moins que la première petite
bourgeoise venue... J'ai eu une idée voilà tout, en
observant par moments la tristesse de Morise... Peut-être
qu'en souvenir des lettres que j'ai remises à son père,
votre Floss consentirait-elle...

ANNETTE

Oui c'est vrai, c'est vrai... j'insisterai...

AVELINE

Ce n'est pas la première fois que Floss verrait une élève ou un modèle dans l'atelier de son père... Je peux bien n'être qu'une élève... en passant !

ANNETTE

Oh ! la seule pensée d'un rapprochement devrait lui sourire.

AVELINE

Eh bien... tenez... puisque Monsieur et Madame Dornier sont actuellement ensemble, si vous leur demandiez de venir sans tarder à l'atelier ?

ANNETTE

Quel est votre plan ?

AVELINE

Je ne sais pas, moi, mais si Floss, comme l'appelle Morise, si sa Floss surgissait brusquement devant lui... Ah ! j'avoue que l'idée est audacieuse, un peu folle même... mais une folie a souvent réparé bien des choses sur terre...

ANNETTE *(riant presque)*

Oui... bien des choses, Madame, et votre bonté...

AVELINE

Non... non, ne parlons pas de cela !

ANNETTE

Pourtant...

AVELINE

A quoi bon passer pour un trouble-fête ?

ANNETTE

Soyez sûre que je ferai tout pour entraîner Floss ! Si vous saviez quelle âme est la sienne !

AVELINE

Que son mari l'accompagne, n'est-ce pas ? S'il est avec elle, je suis sûre qu'elle aura plus de courage... Dites-leur bien que je les attends, seule, dans une demi-heure.

ANNETTE

Oui... je vais courir... oh ! mais courir...

AVELINE

Pauvre mademoiselle Annette !

ANNETTE

Non... non... heureuse, heureuse !

(Sort Annette.)

SCÈNE VI

AVELINE, puis MORISE

AVELINE *(souriant)*

Ah ! ma bonté ! C'est lui que je veux revoir... lui... ! J'aurais tout tenté... Qu'importent les risques... ! Oh ! ces yeux, ces yeux pleins de caresses !...

MORISE *(rentrant)*

Elle est partie ?

AVELINE

Oui, à l'instant...

MORISE

Je t'attendais... Tu ne venais pas...

AVELINE

Elle suppliait encore... elle a laissé une lettre... voilà...

(elle la lui tend).

MORISE

Non, non. *(Il la pose sur un meuble.)*

AVELINE

Prends-la puisque tu la liras quand même...

MORISE

Non, je ne veux pas.

AVELINE *(insistant)*

Puisque tu la liras !

MORISE *(fourrant la lettre dans sa poche)*

Ça n'est pas sûr !

AVELINE

Et quelles nouvelles de ton acheteur ?

MORISE

Rien encore.

AVELINE

Il t'avait fait une proposition superbe...

MORISE

Oui, pour ma « Tête de jeune fille » !

AVELINE

« L'Enfant dans les Champs » s'était bien vendu. Tu devrais tâcher de savoir... Tiens... Juvienne m'a dit justement qu'il ne fallait pas lâcher le bonhomme... Si on ne le relance pas tous les jours, il est capable d'aller ailleurs !

MORISE

Juvienne a raison !

AVELINE

Le prix est très beau !

MORISE

Encore un souvenir qui m'échappe !

AVELINE

Ton chef-d'œuvre est toujours là !

MORISE

" La Tentatrice " !

AVELINE

Pauvre grand... c'est pour satisfaire mes caprices... Ah ! ces mains trouées...! *(elle les lui donne).*

MORISE

Pourvu qu'elles me restent !

AVELINE

Elles sont à toi ! Eh bien vois-tu, mon petit-grand, tu devrais aller voir ton bonhomme tout de suite... Il faut immédiatement traiter...

MORISE

Oui, j'avais justement l'idée...

AVELINE

Il ne faut pas hésiter !

MORISE

Tu crois ? Puisque tu le désires.

AVELINE

Oh ! mais tu sais, c'est surtout dans ton intérêt ! Si tu es fatigué...

MORISE

Moi... ? Pas le moins du monde ! Dans une demi-heure je serai de retour.

AVELINE *(à part)*

Dans une demi-heure... !

MORISE

Le sort en est jeté !... je file...

AVELINE

Au revoir... tu m'aimes, grand homme !

MORISE *(l'embrassant)*

Petite folle ! petite folle !

AVELINE

A bientôt !

(Sort Morise.)

SCÈNE VII

AVELINE seule, puis JUSTINE

AVELINE

Ouf ! Il est sorti. *(Allant à la fenêtre)* Le voici qui traverse la rue... *(devant une glace)* Je suis affreuse et les autres qui vont venir ! *(Appelant)* Justine ! Justine ! ma poudre, mes épingles d'écaille blonde ! Dépêche-toi... cette mèche à relever !

JUSTINE *(entrant)*

Madame veut-elle son écharpe ? *(Elle la lui donne.)*

AVELINE

Mon écharpe... Tiens tu as raison ! *(s'arrangeant avec coquetterie)* Comment me trouves-tu ?

JUSTINE

Madame n'a jamais été plus jolie qu'aujourd'hui. Et quand Monsieur verra l'effet de ces couleurs...

(Elle approche l'écharpe de la robe.)

AVELINE *(riant)*

Monsieur... ah ! Monsieur ne remarque jamais...

JUSTINE

Et pourtant, Madame...

AVELINE

Il s'agit bien de Monsieur !

JUSTINE

Je croyais qu'un artiste...

AVELINE

Moi aussi... autrefois. Non, il y a les hommes qui ado-
rent la toilette et ceux qui ne remarquent pas seulement
si l'on a changé de robe. Voilà la vérité, Justine.

JUSTINE

Bien sûr, ils ne sont pas tous pareils !

AVELINE

Ah ! pour cela non ! Heureusement qu'on ne s'habille
pas pour un seul homme !

JUSTINE

Dame, il faut aussi songer aux autres... C'est ce que je
me dis souvent en m'habillant le dimanche : le passant
ne sera pas volé... !

AVELINE

Ah ! cette Justine ! Mon bâton de rouge vite, ma poudre
d'ocre... un nuage !

(Elle se poudre — on sonne...)

JUSTINE

Madame est mignonne... !

AVELINE

Va vite ouvrir !

SCÈNE VIII

AVELINE, JUSTINE (un instant), FLOSS, RENÉ

AVELINE

Madame Dornier.

(Justine a introduit le jeune ménage et sort aussitôt.)

FLOSS *(très .émue)*

Madame !

AVELINE

Vous êtes toute pâle... asseyez-vous.

FLOSS

Excusez-moi, mais le seul fait de me retrouver dans cette maison...

AVELINE

Sans doute... sans doute...

FLOSS *(présentant René)*

Mon mari !

AVELINE

Monsieur... *(elle lui tend la main)* Ma démarche vous a paru bizarre, j'en suis sûre.

FLOSS *(gênée)*

Annette m'a dit...

AVELINE

La vie est étrange, n'est-ce pas ?

FLOSS *(avec une pointe de fierté)*

Oui, jamais je n'aurais cru...

AVELINE

Nous nous imaginions être séparées pour toujours et voici qu'une pensée qui devait me venir, un jour ou l'autre, rend cette rencontre presque naturelle.

FLOSS (bas à son mari)

René, René, je n'aurais pas dû accepter... !

RENÉ

Allons, remets-toi...

FLOSS (regardant autour d'elle,
avec tristesse à René)

Regarde... tout est nouveau ici.

AVELINE

Vous ne reconnaissez pas l'atelier ? J'en étais sûre. Que voulez-vous ? Le Maître n'avait jamais songé à l'embellir ! Cette pièce se prêtait pourtant à des transformations avantageuses ! Je ne crois pas pourtant en avoir tiré un mauvais parti !

RENÉ

C'est très bien... vraiment, très bien !

FLOSS (farouche, à basse voix)

Tais-toi !

AVELINE (montrant à Floss le coin
où elle travaillait)

C'est là que vous travailliez jadis... n'est-ce pas ? C'est un coin précieux... On y prend le thé quelquefois... !

FLOSS (bas à René)

'étouffe !

AVELINE

Remettez-vous... nous causerons après... Monsieur Dornier est artiste ?....

RENÉ

Ancien élève de Morise !...

AVELINE

Suis-je bête d'ailleurs ! J'ai admiré une de vos œuvres.

RENÉ

Vraiment ?

AVELINE

Oui... je rôde dans les ateliers. On m'a montré récemment un buste... Je n'ai pas fait d'études, je me fie à mes yeux... mais j'ai trouvé ça épatant...!

RENÉ

C'est...

AVELINE

Attendez... un nom... de femme exotique... Ça devrait me connaître... j'ai vécu à Alger... Medina... Alida...

RENÉ *(souriant)*

Melitta !

AVELINE

C'est très bien !

RENÉ

Original, peut-être, comme conception... Le seul mouvement du buste doit révéler l'attitude de la femme !

AVELINE

Mes compliments ! *(à Floss)* Votre mari est un grand artiste !

FLOSS *(distraite)*

N'est-ce pas ?

AVELINE

Il faudra me montrer autre chose... mais je bavarde, je bavarde...

FLOSS *(accablée)*

Je ne sais plus ou j'en suis...

RENÉ

Imagine-toi que tu n'es ici que par un très grand hasard. Un violent orage a éclaté quand tu passais devant votre ancienne demeure... Le Maître était sorti... Tu es montée...

FLOSS

Et c'est Madame...

AVELINE

Une élève qui vous reçoit... oui, une élève qui se trouvait là... cela arrive !

FLOSS

J'essaierai de me figurer...

AVELINE

D'abord dans la vie, voyez-vous, rien n'est aussi tragique qu'on pourrait le croire... nous sommes ici... pour nous entendre... Monsieur a très bien présenté les choses... Je ne suis qu'une élève du maître Morise, je l'ai vu pleurer et j'ai pensé...

FLOSS *(toujours farouche, mais émue)*

Non. Je ne peux pas croire... Ah ! s'il pleurait !

AVELINE

J'affirme, moi...

FLOSS

En tout cas... je ne veux pas que René soit là quand mon père rentrera tout à l'heure ! Ah ! non cela jamais... moi, c'est autre chose, mais, lui ! Mon père l'insulterait peut-être et je n'aurai plus le courage...

RENÉ

Voilà qu'elle s'affole encore !

AVELINE

Nous avons vingt grandes minutes devant nous !

FLOSS

C'est égal, René, je préfère ne pas te savoir là... tu reviendras, tu reviendras me chercher...

AVELINE

Je m'engage à vous éviter une rencontre pénible... Pas de remerciements... Non... tenez... vous reviendrez quand je serai seule, tout à l'heure ! Madame Dornier fera peut-être un tour dans l'appartement avec le Maître. A ce moment-là, je vous ferai signe... *(elle montre la fenêtre)*.

RENÉ

C'est entendu...

FLOSS

Pourvu que père ne te voie pas !

RENÉ *(l'embrassant sur le front)*

A bientôt, mon petit !

(Sort René.)

SCÈNE IX

AVELINE, FLOSS

AVELINE

Allons, allons, il faut que le Maître vous trouve émue, mais non aussi déprimée, aussi inquiète. Il y a longtemps que tout cela s'est passé...

FLOSS

Six mois !

AVELINE

C'est quelque chose... !

FLOSS *(tout naturellement)*

Oh ! oui... c'est long !

AVELINE

Ce n'est pas à moi à vous poser de questions... D'abord je sais que vous êtes heureuse en ménage...

FLOSS *(fièrement)*

Très heureuse...

AVELINE

On affronte tous les périls quand on est aimée !

FLOSS

Cela dépend desquels !

AVELINE

Que pouvez-vous craindre ? Un brusque étonnement, un accès de colère... mais voyez-vous, on n'a rien à redouter avec un peu d'adresse !

FLOSS

De la tendresse surtout ! *(très émue)* Pauvre père !

AVELINE

Vous pleurez ?

FLOSS

Je songe à tous les jours qui se sont écoulés sans que j'aie su quels étaient ses projets, ses rêves... Ah ! la douleur de ne pas connaître toutes les œuvres nouvelles qui sont sur le chantier... là...

AVELINE

Jean-Marc Morise se repose peut-être... On a dû vous dire...

FLOSS

Je ne l'ai pas cru ! Un cerveau comme le sien, d'une imagination prodigieuse, a besoin d'une activité débordante... Moi qui l'ai surpris à l'œuvre, inquiet, haletant, pendant des nuits et des nuits, je ne puis croire que ses mains laborieuses soient devenues inertes... et je vois toujours le geste des pouces dressés pour modeler un torse ou un visage tels qu'ils vivaient, gravés d'avance dans son œil clair !

AVELINE

Oui vous aimiez aussi « la glaise » comme il dit ! Mais la vie pourtant, la vie...

FLOSS

Elle nous déchire parfois !

AVELINE

Jean-Marc Morise a connu toutes les gloires... Maintenant qu'il est célèbre...

FLOSS

Mais la gloire n'est rien auprès de la joie de créer !

AVELINE

Oui... oui... j'ai entendu dire... je sais...

FLOSS

La gloire ! Père n'a jamais beaucoup tenu à la gloire... du moins de mon temps...

AVELINE

On peut ne pas y tenir souvent, mais on en vit !

FLOSS *(avec dédain)*

Ceux qui pensent à cela...

AVELINE

Pardon... mais la vie d'un artiste peut être aussi... une œuvre unique, délicieuse... surtout quand ce n'est plus tout à fait la bohême...

FLOSS *(ironique)*

Quand on est riche !

AVELINE

Pourquoi pas ? Un artiste a des fantaisies et peut s'entourer de jolies choses... Ainsi tenez, Jean-Marc Morise adore les meubles anciens maintenant.

FLOSS *(indifférente)*

Ah !

AVELINE

Il vient d'acheter un coffre italien... ce bureau basque, une vraie trouvaille !-

FLOSS *(nerveuse, inquiète)*

Mais les statues... où sont-elles ?

AVELINE

Vous ne voulez pas croire qu'il travaille moins...

FLOSS

Non... non... il me dira lui-même... Mais je parle de ses anciennes œuvres, de "Psyché", de l' " Enfant dans les Champs " ?...

AVELINE

Ah ! voilà... je vous le disais bien, Madame, voilà ce que c'est que la gloire, les amateurs n'ont pas manqué !

FLOSS *(indignée)*

Vendues !

AVELINE

Oh ! Morise a gardé celle-là... *(elle montre " La Tentatrice ")*.

FLOSS *(émue)*

Je la reconnais !

AVELINE

La plus belle de ses enfants... oui, vous devez savoir qu'il a toujours eu une préférence...

FLOSS *(douloureusement)*

Celle-là seulement !

SCÈNE X

AVELINE, FLOSS, MORISE

MORISE *(sans voir Floss)*

L'affaire est conclue... Tu ne réponds pas...

AVELINE

Si...

MORISE

Mais tu parais gênée, inquiète. *(Apercevant sa fille)* Floss... Floss !!

AVELINE *(après avoir compris les signes que lui fait Floss)*

Elle t'expliquera elle-même... Puisque j'ai permis, moi... sois raisonnable !

(Sort Aveline.)

SCÈNE XI

FLOSS, MORISE, puis AVELINE

MORISE *(hors de lui, à Floss)*

Va-t-en ! va-t-en !

FLOSS

Ce n'est pas moi qui ai insisté, père... Je passais...

MORISE

Ah ! tu passais, après six mois... c'est admirable !

FLOSS

Je t'ai écrit, je t'ai écrit plusieurs lettres...

MORISE

Je ne les ai jamais lues !

FLOSS

Vraiment ?

MORISE

Non... jamais, tu m'entends... D'ailleurs c'est plus fort que moi... tu m'as abandonné pour suivre l'autre...! Tout est changé ici... tout est changé !

FLOSS *(doucement)*

Je le vois bien...

MORISE

Tu es heureuse, il paraît... Je suis heureux, aussi... Voilà... nous étions arrivés à un carrefour... chacun de nous a suivi sa route... *(Avec un ricanement amer)* Madame Dornier...! Madame Dornier...!

FLOSS

Tu souffres... !

MORISE *(très ému)*

Moi ? non. J'ai été suffoqué de voir que tu osais... ah ! ça oui... maintenant, c'est fini, va-t-en... A chacun sa route... !

FLOSS

Tu me chasses ! Tu me chasses ! Si tu me laissais t'expliquer au moins...

MORISE

Ce que je sais déjà ? Oui, tu l'aimes... Il t'a séduite, tu étais sa maîtresse avant d'être sa femme... Sa maîtresse ! Laisse-moi *(portant la main à son cœur)* je t'ai arrachée de là...

FLOSS

Ce n'est pas vrai... !

MORISE

Hein... ?

FLOSS

Ce n'est pas vrai... tu as beau te raidir... je sens bien qu'il y a quelque chose en toi qui proteste...

Je parlerai... laisse-moi... deux minutes sans m'interrompre... papa !

MORISE *(bouleversé)*

Oh ! plus ce nom... !

FLOSS

Si.., ce nom-là, pas un autre, pas un autre ! Ce nom seul peut me rendre des forces... Oúi... je t'ai abandonné... c'est vrai... J'aimais René... je pouvais le guérir ! Il est guéri, tu nè le crois pas... qu'importe !... Comment j'ai été attirée... ? Ah ! petit-bon ! Annette, elle, accusait l'intimité des camarades, Annette a cru... Non, la vérité, je la sais, moi... ! L'Art nous enveloppe d'une caresse étrange... oui... la beauté, la beauté, nous les artistes, nous ne songeons qu'à elle, nous ne voyons qu'elle...! Tout ce qui éblouit nos yeux fait battre notre cœur plus vite que celui des autres... La grande lumière crûe de la vie, les hommes la fuient à cause du danger... Mais nous, c'est ce soleil-là, avec sa brûlure, qui nous tente... Nous allons vers lui... *(doucement)* J'ai été vers lui... !

MORISE *(ironique)*

Et c'est l'amour de Dornier ?

FLOSS

.Le simple amour qui m'a trouvée plus faible que les autres femmes ! L'Art m'a appris à adorer la vie... Souviens-toi de ce que tu disais : « Rien n'est plus pur, plus sain que la Nature dans sa splendeur première. Les ·Anciens l'ont compris, eux, qui la voyaient avec des yeux neufs. »

MORISE

Et tu as voulu...

FLOSS

Oh ! j'ai combattu d'abord, de toutes mes forces... puis mes yeux sont tombés sur ton œuvre... sur ton œuvre entière... celle-là surtout... *(elle montre " La Tentatrice ").*

MORISE *(dans un cri de surprise)*

La...

FLOSS

Oui... j'ai crié un jour : « C'est la vie même qui nous appelle ! »... Suis-je la seule coupable ?

MORISE

Floss !...

FLOSS

Regarde-la... !

MORISE

Elle ! *(comme frappé de stupeur, presque chancelant)* Ah ! ça par exemple !... ça par exemple !

FLOSS

Qu'as-tu...?

MORISE

C'est Elle qui t'a aussi !... ah !...

FLOSS *(s'empressant)*

Petit-bon !

MORISE

Pauvres de nous ! Tu vas rire, Floss... je suis désarmé... tu vas rire... c'est Elle aussi qui m'a parlé quand je suis resté seul !

FLOSS

Tu vois !

MORISE

Elle avait l'air de m'appeler sans cesse... Tu n'as pas connu l'horreur de la solitude... Elle me tendait les bras... comme elle les tend encore... Alors un jour...

FLOSS *(doucement)*

Un jour... ne dis rien... je comprends. C'est elle qui est venue vers toi... Tu l'avais créée trop *vivante*... Elle s'est glissée jusqu'à ton cœur...

MORISE

Et maintenant...

FLOSS

Ah ! maintenant... elle est là, seule, qui sourit dans la maison... la dangereuse Conseillère !

MORISE

Floss...

FLOSS *(montrant la statue)*

C'est Elle, toujours Elle !... Va, je sais, on a beau lutter... Je connais sa voix...

MORISE

C'est vrai...

FLOSS

Tu m'en veux moins maintenant ?

MORISE *(souriant un peu)*

Ç'est donc une raison ?

FLOSS

Mais, oui... Une raison, elle est ton œuvre et nous avons subi le même charme...

MORISE

Flossy...!

FLOSS

Et puis surtout... dis-toi que jamais je n'ai oublié tes enfants... celle là... *(elle montre " La Tentatrice ")* les autres... toutes les autres !

MORISE

Tu es peut-être étonnée de ne plus les voir ? L'atelier commençait à en être encombré... Alors... j'ai dû prendre une décision...

FLOSS *(amère)*

Ah ! tu as pris une décision ?

MORISE

Mais tu sais... on va exposer mes œuvres. Tu les reverras...

FLOSS *(tristement)*

Comme des amis avant un départ !

(Puis changeant de ton comme pour s'encourager elle-même)

Et tes nouveaux projets ? car tu as en réserve quelques esquisses, je pense...

MORISE *(vaguement)*

Oh ! des esquisses !...

FLOSS

Deux ou trois au moins... Je me contenterais d'en voir une !

MORISE

Que t'importe...!

FLOSS

Une seule ! je suis curieuse...!

MORISE *(tenté)*

Ah ! vraiment !

FLOSS

Je t'en supplie, tu en as bien une à me montrer ?

MORISE

Oh ! peut-être... en cherchant dans ma chambre...!

FLOSS

Montre toujours...

MORISE

A quoi bon ? La patte n'y est plus, vois-tu ...!

FLOSS *(souriant)*

Tu es difficile !

MORISE *(reprenant sa façon de parler*
habituelle)

Je te dis que c'est moche, mon petit... je te dis que c'est
moche...

(Il va instinctivement vers sa chambre, suivi de Floss.)

AVELINE *(paraissant)*

Ne prenez pas garde... je sors...

MORISE *(gêné, cherchant une excuse)*

Oui... tu vois... Floss a exigé de voir mon esquisse...

FLOSS

Une simple question d'art à trancher !

AVELINE

Je devine...

MORISE *(plus bas)*

Tu ne m'en veux pas ?

AVELINE

Moi ? Mais voyons...

MORISE *(à Floss)*

Je passe devant. *(Il va vers la porte de l'appartement.)*

AVELINE *(à mi-voix, à Floss)*

Monsieur Dornier va revenir !

FLOSS

C'est vrai !

AVELINE

N'ayez aucune inquiétude... Indiquez au Maître une correction à faire à son ébauche... Il s'absorbera vite et vous reviendrez seule...

> *(Floss fait un signe de tête comme pour dire : c'est entendu, et sort.)*

SCÈNE XII

AVELINE, *puis* RENÉ, *puis* FLOSS

AVELINE

Mais on dirait... *(en effet, un coup léger est frappé à la porte. Aveline va ouvrir)* C'est vous ? vous n'avez pas attendu le signal !

RENÉ

Le bruit des voix s'éloignait, alors, ma foi !...

AVELINE

Vous n'avez pas peur ?

RENÉ

Peur de qui ? de mon ancien maître ?

AVELINE

Sévère pour vous, l'ancien maître !

RENÉ

Ah... il a dû vous dire... Bah, j'ai de l'audace...!

AVELINE *(curieuse)*

Tiens, tiens !

RENÉ

Et ma femme ?

AVELINE

Avec son père, là-haut... Quel triomphe ! J'y suis pour
peu de chose... croyez-moi !

RENÉ

C'est l'Art sans doute qui les a...

AVELINE

Oui... c'est l'Art qui a achevé mon œuvre ! Ils parlaient
dessin quand je suis rentrée... Vous n'êtes pas jaloux ?

RENÉ

Moi ?

AVELINE

Oh ! je sais que Madame Dornier et vous... pardon...
c'est la renommée qui parle ! L'amour, le parfait amour !
C'est égal... ils nous oublient joliment tous les deux !

RENÉ

Pour l'amour de l'Art !

AVELINE

Ce père et cette fille devaient se retrouver un jour... !

RENÉ

C'est ce qui vous a décidé à hâter les choses...

AVELINE

Avouez que j'ai au moins le joli rôle ! et puis il y a
d'autres raisons, peut-être qui m'ont...

RENÉ

D'autres raisons ? Contez-moi cela...

AVELINE

Et on dit que les femmes sont curieuses...! *(se rapprochant de René Dornier et à mi-voix)* Je comprends votre folie, René Dornier...

RENÉ

Hein ?

AVELINE

Votre femme a voulu vous guérir... Chimères que tout cela ! *(avec plus d'audace encore)* Je suis atteinte du même mal que vous, moi, j'adore les cartes !

RENÉ

Vous ?

AVELINE

Les jeux de hasard... ah ! les beaux jeux !

RENÉ

Vous trouvez ?

AVELINE

Ne m'appelez pas « Madame » surtout... Voyons, une élève de Morise est une camarade !

RENÉ

Vous avez vécu à Alger !

AVELINE

Ah ! les chansons que j'y ai chantées !... J'ai toujours un peu de son soleil au cœur... oui, au cœur... et sur le cou aussi !... Tenez *(écartant son écharpe)* là... souvent...je sens sa morsure ! Ah ! vous aimez les jeux de hasard ? Nous en jouons un en ce moment... !

RENÉ

Quel jeu ?

AVELINE

Mais, le plus beau de tous, et je lis dans vos yeux...

RENÉ

Qu'y pouvez-vous lire ?

AVELINE *(inclinée vers lui)*

L'amour de ce qu'on a voulu tuer...! *(puis vivement)* Une partie à nous deux, voulez-vous ?

RENÉ

Partie pour rire !

AVELINE *(vivement)*

Oui... pour rire... mais un instant... vous ne savez pas ce que vous jouez...

RENÉ

Vraiment ?

AVELINE

Un baiser sur cette écharpe... si je gagne...

RENÉ

Oh ! sur une écharpe !

AVELINE

C'est un caprice !

RENÉ

Et si vous perdez ?

AVELINE

Alors, vous choisirez !

RENÉ

Diable !

AVELINE *(provocante)*

Rouge et noir ; à la troisième carte

RENÉ

Je perds si rouge sort !

AVELINE

C'est dit... *(elle mêle les cartes, puis brusquement)* Coupez...
Noir, rouge... La troisième ?... Rouge... !

RENÉ

Je perds !

AVELINE

Alors, payez... ! *(elle s'est penchée vers lui, tendant son cou)*

FLOSS *(qui les épie depuis un instant
dit simplement) :*

René !

RENÉ *(à part)*

Floss !

FLOSS *(qui a pâli et se soutient
à peine)*

Si père rentrait... !

(elle chancelle mais elle dit encore) :

Cela passera... cela passe... *(à René)* Sortons René !

AVELINE

Vous ne pouvez partir ainsi !

FLOSS

Mais si... je suis forte... plus forte...

AVELINE *(sans perdre contenance)*

·Et l'esquisse de Morise ?

FLOSS *(se redressant)*

On retrouve toujours la griffe du Maître !

AVELINE

Alors... vous reviendrez, Madame !...

FLOSS *(sur le seuil)*

Oh ! oui... ça je le jure... je le jure !... Je reviendrai !

(Rideau)

FIN DU IIme ACTE

ACTE III

Quinze jours ont passé... — L'atelier où sourit toujours
"La Tentatrice". — Le soir vient doucement.

SCÈNE PREMIÈRE

ANNETTE, JUSTINE (un instant), puis FLOSS, puis RENÉ

ANNETTE *(qui vient d'entrer, à Justine)*

Monsieur est sorti ?

JUSTINE

Il y a un quart d'heure, à peine, Mademoiselle.

ANNETTE

Je croyais qu'il avait été souffrant ?

JUSTINE

Rien de grave, un peu de fatigue seulement...

ANNETTE

Et Monsieur n'a rien dit ?

JUSTINE

Non. Monsieur s'inquiétait de ne pas voir rentrer Madame... Il est même parti si brusquement qu'il a oublié son pardessus.

ANNETTE

Merci, Justine:... J'attendrai...

(Sort Justine.)

ANNETTE (appelant du seuil)

Floss, Floss !...

FLOSS (entrant)

Nous sommes seules ?

ANNETTE

Tu vois... (puis doucement) Tu as entendu ?

FLOSS

Oui, père est sorti brusquement il y a un quart d'heure.

ANNETTE (souriant)

Et il a oublié son pardessus !

FLOSS (un peu choquée)

Tu souris ?

ANNETTE

C'est ce détail.

FLOSS (très émue)

Annette, Annette... Tu ne devines donc pas ?

ANNETTE

Voilà déjà que tu t'affoles !

FLOSS *(très émue)*

Si père est sorti si brusquement, Justine l'a dit, sans malice d'ailleurs, c'est qu'il est inquiet !

ANNETTE

Ton imagination marche... marche... Je me disais autrefois en vous entendant parler de votre art, ton père et toi ! Ils sont heureux d'avoir pu se créer un autre monde, celui des chimères !... Et voici qu'aujourd'hui ce sont des chimères qui te torturent !...

FLOSS

Père est malheureux !

ANNETTE

Et tu l'es aussi !

FLOSS

Moi ?

ANNETTE

Je n'ai qu'à te regarder ; tu ne souffrirais pas ainsi de la peine d'un autre, même celle de ton père. Il y a une pâleur, vois-tu, un tressaillement secret qui ne trompent pas... Un jour, rappelle-toi, tu t'étais beaucoup fatiguée à pétrir ta glaise... comme tu dis... On souriait autour de toi, on disait : « Regardez ces yeux brillants... Jamais elle n'a été plus jolie ! » Je savais, moi, quelle était cette lumière qui brûle plus encore qu'elle n'éclaire... et j'ai murmuré : « Tu as la fièvre ! » *(prenant la main de Floss dans la sienne)* ... Tu as la fièvre...!

FLOSS

Annette !...

ANNETTE

Oui, ce qui te tourmente sans cesse c'est ce baiser de l'autre jour... Un simple pari, audacieux je l'avoue... imprudent même... mais ton mari en souriait !

FLOSS *(douloureuse)*

Ce baiser... s'il n'y avait que cela !

ANNETTE

Il y a du nouveau...? Ils se sont revus ?

FLOSS

Ah ! petite, petite, si je suis ici... c'est pour souffrir encore !

ANNETTE *(tendrement)*

Floss...

FLOSS *(très nerveuse)*

Je veux savoir... j'ai la certitude que René a le cœur et l'esprit hanté par la même image...! Il sort souvent... Il est moins tendre... lui, si joyeux jadis, il devient distrait ! L'autre jour je lui ai demandé de me jurer qu'il n'avait plus revu cette femme... Annette, il a juré, mais j'ai connu une nouvelle torture... René ne sait pas bien mentir encore, il avait beau jurer, son regard contenait la vérité entière et tandis qu'il mentait ses yeux me criaient : « Tu as tout compris ! tu as tout compris ! »

ANNETTE

Mais ce soir pourquoi viens-tu ...?

FLOSS

Ah ! tu t'étonnes que je vienne ici ce soir...! La raison ?
mais elle est bien simple. René est sorti à cinq heures en
me disant qu'il allait chez Juvienne. J'ai eu un doute...
j'ai été chez Juvienne... Personne ! Annette, un nouveau
mensonge ! Le hasard a voulu que je t'aie rencontrée... et
je t'ai crié : « Allons chez père ! » Devines-tu maintenant ?...

ANNETTE

Mais...

FLOSS

Pas encore ! C'est bien ici qu'il fallait venir, pourtant,
pour constater l'absence de *l'autre,* pour me rendre
compte... Qui pourrait m'empêcher...? Je rôde... je rôde...

ANNETTE

Et si ton père rentrait ?

FLOSS *(vivement)*

C'est lui que j'attends ! Ah ! oui, oui, quand père sera
là... j'aurai la preuve devant moi, vivante...! S'il a le
moindre soupçon sur cette Aveline, je verrai bien...

ANNETTE

Penses-tu seulement à sa souffrance ?

FLOSS *(implacable)*

Je saurai du moins !

ANNETTE

Floss, Floss... à ta place, vois-tu, même si ton mari
avait eu une faiblesse, je ferais tout pour oublier... Les
artistes sont plus sensibles que les autres, tu le sais bien !

FLOSS *(la regardant, inquiète)*

Oublier ? Tu le crois donc coupable ?

ANNETTE

Floss...

FLOSS

Tu vas vraiment bien vite en besogne, car enfin je n'ai pas la moindre preuve...

ANNETTE

Tu la cherches partout autour de toi !

FLOSS *(bouleversée)*

Ah ! savoir... savoir !

ANNETTE

Tu vas jusqu'à feuilleter des livres !

FLOSS *(qui en tient un à la main)*

D'excellentes cachettes !

ANNETTE

A quoi bon ? Tu ne trouveras rien...

FLOSS *(qui en feuillette un autre)*

Pas sûr...! *(s'arrêtant brusquement de le parcourir)* Et ce signet ?

ANNETTE

Eh bien ?

FLOSS *(nerveusement)*

René s'amusait à en composer de pareils... oui... souvent sur un ruban il esquissait une tête... regarde...

(très émue, montrant le signet) C'est un portrait d'elle... C'est
lui qui l'a fait...!

ANNETTE

Qui te le prouve ?

FLOSS

Regarde encore... là !

ANNETTE *(surprise malgré elle)*

Ses initiales...

FLOSS

René Dornier... !

ANNETTE

Ce souvenir ne signifie pas...

FLOSS *(la voix tremblante)*

Au contraire ! Ah !... c'est clair maintenant, c'est
clair !... Tout ce que j'ai fait pour cet homme, Annette...
ma fuite... l'abandon de mon père...! Quel écroulement !

ANNETTE

Tu ne raisonnes plus... Je t'affirme...

FLOSS

Non, tu es bonne, tu voudrais me convaincre... La
brûlure est là *(la main sur son cœur)* qui gagne... qui
gagne...

ANNETTE

Espère encore... tu pourras l'interroger... !

FLOSS

Je ne t'ai pas tout dit... En sortant de chez Juvienne,
je suis rentrée chez nous et j'ai griffonné un billet pour

René, avec ces simples mots : « Viens me chercher chez père si tu en as le courage ! »

ANNETTE

Alors...

FLOSS

Il comprendra peut-être !

ANNETTE

Oui, mais osera-t-il... L'idée de revoir ton père...

FLOSS

Père que j'ai revu a permis que René vienne à l'atelier en passant... Je l'entends encore : « Ton mari peut venir te chercher, mais n'exige pas que je lui pardonne...! »

ANNETTE

On frappe !

FLOSS

Regarde...

ANNETTE

René !

FLOSS

Ah ! laisse-moi... laisse-nous...

ANNETTE

Vous n'allez pas...

FLOSS *(à Annette)*

Laisse-nous... te dis-je... *(à son mari, du seuil)* Entre, père est sorti...

RENÉ *(entrant et tendant la main à Annette)*

Ah ! c'est vous, Mademoiselle Annette !

ANNETTE *(gênée)*

Oui, j'ai rencontré Floss... nous avons fait route ensemble mais je m'en vais... c'est l'heure de mes provisions...
(à Floss) Toi, tâche de retrouver ton calme...!

FLOSS *(en l'embrassant)*

Petite ! Petite !

(Sort Annette.)

SCÈNE II

FLOSS, RENÉ

RENÉ

Eh bien, pourquoi ce billet ?

FLOSS

Puisque père a permis...

RENÉ

Oui, mais je ne comprends pas...

FLOSS *(frémissante)*

D'où viens-tu ?

RENÉ

Tu le sais bien !

FLOSS

Non, je ne sais pas... je suppose !

RENÉ

Mais, mon petit, Juvienne était en grave discussion avec Alcanthozor sur sa dernière ébauche. Ils m'ont retenu...

FLOSS

Ah ! c'est tout simple, mais je lis encore là...

(elle montre les yeux de René)

RENÉ

Mon chéri, je te jure...

FLOSS

D'ailleurs ce n'est pas dans tes yeux seulement... Je viens de chez Juvienne, il ne t'a pas vu de la journée...

RENÉ

Ah ! ça...

FLOSS

Cela t'étonne ?

RENÉ

Alors c'est encore une scène de jalousie, tu m'espionnes à présent ?

FLOSS *(émue)*

J'ai le droit de savoir...

RENÉ

Soit, je n'ai pas été chez Juvienne !

FLOSS

Et tu sors des bras de... cette fille !

RENÉ

Tu es folle, tu es folle !

FLOSS

Et d'où sortirais-tu ! Inutile de nier ! J'ai une preuve
d'ailleurs !

RENÉ

Laquelle ?

FLOSS

Dans ce livre, là...!

RENÉ

Oh ! le ruban que cette Aveline...

FLOSS *(ironique)*

Tu n'a pas mis longtemps à deviner... c'est l'aveu
suprême !... Je ne m'étais pas trompée... Ce signet c'est un
souvenir précieux sans doute... Oui, le souvenir de l'heure
inoubliable, de l'heure exquise...

RENÉ

Alors... tu crois...

FLOSS

Parbleu ! Je vois la scène d'ici... C'était après un de
vos rendez-vous. Tu lui as offert d'esquisser... Elle a posé
pour toi... oui... profil... et face...! Ah !... va-t-en, tu me
fais horreur... va-t-en !

RENÉ

Mon petit !

FLOSS

J'aurais dû rompre l'autre jour, quand j'ai vu... La pente était là... j'aurais pu éviter l'abîme... Mais tu paraissais si penaud, tu avais tant pleuré...!

RENÉ

Je te promets, Floss...

FLOSS

Et c'est cette femme, qui avait eu, soi-disant, une pensée généreuse, en voulant me rapprocher de mon père !... C'est cette femme qui... Pauvre imbécile que j'étais... pauvre imbécile...! elle nous a fait venir pour t'attirer, toi !

RENÉ

Voyons... tu ne va pas te mettre dans un état pareil pour des contes à dormir debout... La vie d'un artiste est forcément libre, tu le sais... Pourquoi croire tout de suite... Ma Flossy, ma petite Flossy, admettons que j'aie revu cette femme... il n'est pas dit...

FLOSS (le regardant avec tristesse)

Tu n'as même plus besoin de mentir maintenant !

RENÉ

Tu me reprochais de mentir... hier !

FLOSS

Hier... ah ! tu te souviens encore... de ce que j'ai dit hier ! Est-ce qu'on raisonne deux fois de la même façon quand on souffre...

RENÉ

Quand on aime ...!

FLOSS

Je ne vois qu'une chose... tu es fasciné par cette femme... et je le sens bien aussi...! Fil à fil... elle détruira mon œuvre, et tu reviendras à ton vice...!

RENÉ

Hein ?

FLOSS

Tu y reviens déjà, c'est fatal ! Ah ! votre amour... a bien débuté... Par un pari de joueur ! Les cartes ! les cartes ! Moi qui croyais t'avoir guéri !...

RENÉ

Écoute-moi...

FLOSS *(se redressant)*

Ah !... non... pas cela ! C'est fini... Être la dupe encore dont on rit sous cape !... Je n'ai qu'à m'accrocher à cette idée... il joue encore, il jouera toujours... je le méprise !

RENÉ

Tu as beau faire... tu souffres... tu souffres...

FLOSS *(malgré elle)*

Pas tant que cela !

RENÉ *(montrant la porte)*

Quelqu'un !

FLOSS

Père ! *(poussant René vers le rideau qui cache son ancien atelier)* Entre là... Il ne faut pas que père voie... il devinerait en découvrant nos visages...

RENÉ

Tu souffres...

FLOSS

Je sourirai... *(le poussant vers la cachette)* Vite... *(elle répète)*
Je sourirai...

SCÈNE III

FLOSS, MORISE

MORISE *(toujours ému, préoccupé)*

Ah !... c'est toi ?

FLOSS

Oui, je parlais à Justine... Bonsoir, petit-bon...

MORISE

Voilà longtemps que je ne t'avais vue... Et tu es seule
ici ?

FLOSS

Mais oui... seule...

MORISE

Ah... personne ne t'a reçue...?

FLOSS *(essayant de sourire)*

Personne...

MORISE *(à part)*

Aveline n'est pas rentrée !

FLOSS

Tu es un peu pâle...

MORISE

Ce n'est rien...

FLOSS

Tu as été souffrant ?

MORISE

Deux jours... Un méchant rhume ! *(toujours absorbé, inquiet)* Alors, tu viens d'arriver ?

FLOSS

Il y a un quart d'heure à peine... Annette m'avait accompagnée...

MORISE

Tiens... Annette ? Et il y a longtemps que tu as quitté ton « home »...?

FLOSS

Une heure, je crois...

MORISE *(anxieux)*

Ton mari travaillait quand tu es sortie...?

FLOSS *(surprise)*

Oui... oui...

MORISE

Il travaille beaucoup... toujours... Tant mieux...! Ah ! c'est que, vois-tu, je voudrais te savoir heureuse, parfaitement heureuse... Depuis qu'il est guéri... de son mal... comme tu l'affirmes, il ne doit plus te quitter... je pense...

FLOSS

Oh ! pas souvent !

MORISE

C'est l'avantage de notre métier. On travaille chez soi...
oui, quand on a l'amour de son art, quand d'autres idées
ne vous trottent pas par la tête...

FLOSS (émue)

Quelles idées René aurait-il ? J'avoue, père, que je ne
comprends pas...

MORISE (presque rassuré)

Ah ! vraiment, ce que tu dis là, me fait un grand
plaisir... tu sais, oui, vraiment, un plaisir immense... Je
ne t'ai pas souvent encore parlé de ton mari, mais que
veux-tu, le temps passe... passe... et maintenant je pense
à vous deux, parfois... oui... à Lui... aussi...

FLOSS (à mi-voix)

Surtout ce soir...!

MORISE (qui a entendu)

Mais... (puis à part, inquiet) Aveline ne rentre pas...

FLOSS

Petit-bon, ce pli-là (elle montre son front) ces sourcils
froncés... c'est de l'inquiétude !

MORISE

Non, j'attendais quelqu'un...

FLOSS

Qui est en retard...?

MORISE *(très ému)*

Ah ! on a dû parler... on t'a dit...

FLOSS

Papa, nous sommes deux camarades... pour le moment... pas autre chose... Tu te tourmentes parce que quelqu'un n'est pas rentré...

MORISE

Oui... quelqu'un...!

FLOSS

Dis-moi tout... Tu peux bien avouer... C'est comme autrefois... nous sommes deux camarades... nous causons ensemble...

MORISE

Eh bien ! oui... là, après tout... peut-être, mais je suis plus tranquille depuis que tu m'as dit...

FLOSS

Explique-toi !

MORISE

Oh ! tu ne peux pas deviner... Tu m'as juré n'est-ce pas que ton mari était chez toi quand tu es sortie, qu'il travaillait sans relâche...

FLOSS

Mais oui... je te jure... pourquoi encore...

MORISE

Ah ! Floss... la calomnie... si tu savais... le plaisir de faire le mal... l'envie peut-être...! Enfin... j'ai reçu hier soir une lettre...

FLOSS (émue)

Sans signature... ?

MORISE

Naturellement...

FLOSS (frémissante)

Et cette lettre disait ?

MORISE

. Ah ! c'est comique... je t'en réponds... C'est ainsi qu'il faut le prendre... c'est comique ! Aveline... et ton mari se seraient rencontrés... (rire forcé)

FLOSS (nerveuse)

Quand ?

MORISE

Plusieurs fois !

FLOSS (saisissant la lettre que Morise
tient à la main et maîtrisant
sa souffrance)

Ah...! Ah...! René...! Montre la lettre...

(lisant)

« Tu vieillis, Maître... ouvre les yeux... » (chiffonnant la lettre et la jetant derrière elle) Ah ! Ah ! mais c'est idiot... Qui est-ce qui a écrit cela ?

MORISE

Un élève que j'ai congédié sans doute !... Une basse vengeance !... Tu comprends que je n'ai pas voulu croire...

(Il la regarde avec anxiété)

FLOSS

Tu m'as interrogée pourtant !

MORISE

Par acquit de conscience... Tu n'as jamais eu le moindre doute, toi...?

(il la regarde dans le blanc des yeux)

FLOSS *(s'efforçant de sourire avec l'assurance qu'elle veut avoir)*

Moi...? Par exemple ! Veux-tu que je te rassure de suite... René ne m'a pas quittée depuis plusieurs jours...

MORISE

Ah... ! Tu affirmes...

FLOSS

Ce soir (car je sens bien que tu t'inquiètes en ce moment même !) il est venu me rejoindre ici... Un conseil à me demander... voilà tout ! Ainsi tu vois... Je l'avais quitté, il y a une heure à peine, et il est venu me retrouver ici...

MORISE *(riant presque maintenant)*

Ah ! je le savais bien ! Cette lettre est-elle assez absurde, Floss, assez stupide ! C'est fou ! je te l'avais dit ! c'est fou !

FLOSS *(à part)*

J'ai mal...

MORISE *(à part)*

Elle va revenir... !

FLOSS *(se dominant toujours)*

Papa, si nous chassions maintenant tous ces mauvais rêves... si nous parlions...

MORISE *(ironique)*

De l'esquisse que je t'avais montrée, peut-être ?

FLOSS

Pourquoi pas ?

MORISE

Ah ! si tu savais... Non, tiens, parlons des autres, des nouveaux, de ceux qui commencent... C'est beau... le soleil qui monte... !

FLOSS

Oui... c'est beau... mais ton talent à toi, ton génie ?

MORISE *(amer)*

Pauvre génie, ah !

FLOSS

Tu ne vas pourtant pas...

MORISE

Il y a quelque chose de plus grand, mon petit, oui, de plus grand que le soleil qui monte... c'est le renoncement volontaire quand il fait clair encore... c'est...
(Éclatant enfin)
Floss, fini mon travail !

FLOSS *(très émue)*

Papa !

MORISE

Ne me plains pas, va, c'est ma volonté d'abord... oui... on ne peut pas savoir... C'est peut-être aussi la sagesse ! Ne pas connaître le ricanement des autres, l'humiliation du jour qui baisse, non, je ne verrai pas cela... !

FLOSS *(sursautant)*

C'est trop fort ! Ce n'est pas ta raison qui parle ainsi... c'est le découragement, le mal de vivre... Et tu crois que je permettrais...

MORISE

Pourtant, si je voulais...

FLOSS *(avec force)*

Allons donc ! Tu ne peux pas vouloir... ce serait la fin de tout... Te croiser les bras, toi, en criant : « A d'autres ! » L'esquisse que tu m'avais montrée l'autre jour, je veux voir l'esquisse !

MORISE *(tristement)*

Inutile !

FLOSS

Pourtant elle doit être achevée !

MORISE *(ricanant)*

Achevée... oui, je l'ai achevée... C'est le mot !

FLOSS *(anxieuse)*

Tu l'as...

MORISE

Déchirée en mille morceaux...! Le beau malheur ! L'étincelle de joie n'y était plus, vois-tu... la divine étincelle...! Non... j'ai autre chose... là *(il montre son front)* autre chose qui m'empêche... *(se laissant tomber sur le divan)* Adieu, mon travail !

FLOSS

Tu oses dire cela, toi ! Non... non...! De quoi s'agit-il après tout, pour te sauver... d'avoir un peu de courage,

papa... Oui, c'est cela, un peu de courage... On souffre
d'abord... ah ! qu'importe, on souffre... et puis...

MORISE *(la regardant, inquiet)*

Que veux-tu dire ?

FLOSS

Il n'y a qu'un lien à trancher, un seul et tu retrouveras
la joie de créer... celle d'autrefois... tu sais... la grande
allégresse... !

MORISE *(très ému, n'osant rien
pressentir)*

Floss... un lien à trancher...?

FLOSS

Tu dois deviner...?

MORISE *(dans un mouvement de
révolte)*

Ce n'est pas à toi...

FLOSS *(de plus en plus tendre)*

Si, si... c'est à moi, c'est bien à moi au contraire !
Plusieurs fois déjà, j'ai veillé sur ton œuvre...

MORISE

Pourtant, tu ne vas pas demander...

FLOSS *(avec une profonde émotion)*

Une femme est là, qui veut tout couvrir de son ombre...
voyons... voyons... tu sais bien *qui* je veux dire, et cette
femme, il faut...

MORISE *(effrayé)*

Puisque la lettre ment !

FLOSS

Il s'agit bien de la lettre ! Ton œuvre se meurt, je ne sais que cela... ton œuvre se meurt...!

MORISE *(hors de lui)*

Tais-toi... tu ne peux pas demander... Ah ! Floss... comment te dire... à toi... à toi...! Cette femme... je l'aime...!

FLOSS

Il faudra bien pourtant...

MORISE

Je l'aime...! Je l'aime...!

(Sort Morise bouleversé.)

(Floss le suit du regard, émue, tremblante, mais un rideau a bougé, René a surgi.)

SCÈNE IV

FLOSS, RENÉ

RENÉ

Floss !

FLOSS

Tu étais là... c'est vrai... j'oubliais...

RENÉ

Merci... tu m'as défendu... tu crois donc en moi...?

FLOSS

J'ai... *(faisant un effort pour se souvenir)* oui, quand père est entré, père était si malheureux, je n'avais pas tout compris encore...

RENÉ

Tout compris...?

FLOSS *(le regard fixe)*

Maintenant, je vois, je vois... C'est son art même qui est menacé...

RENÉ

Eh bien...? Cette Aveline partira... Elle quittera la maison... N'est-ce pas, c'est cela que tu désires...?

FLOSS *(l'observant avec inquiétude)*

Si père n'a pas le courage...

RENÉ *(vivement)*

Mais il l'aura un jour, il l'aura bientôt...

FLOSS *(le regardant toujours)*

Et notre vie à tous sera changée...! Oui... il suffira que cette femme...

RENÉ

C'est déjà énorme qu'elle quitte la maison !...

FLOSS

Évidemment, c'est quelque chose !

RENÉ *(presque joyeusement)*

Tu n'as pas l'air très convaincue... Moi je trouve...

FLOSS *(amère)*

Et tu désires ce départ autant que moi...?

RENÉ

Mais...

FLOSS

Je lis dans tes yeux... comme toujours : Elle va s'en aller, elle ne sera plus sa maîtresse, c'est la liberté entière...! *(révoltée par l'idée qui la hante)* Ah ! vous ne pouviez espérer mieux !

RENÉ

Comment, tu crois...?

FLOSS

Je sais... je sais... je n'ai qu'à te regarder d'ailleurs : la chose est clairement écrite sur ton visage... Vous vous aimez ! vous vous aimez ! Le reste qu'importe ! Mais le reste est peut-être plus précieux que tu ne crois...

RENÉ

Voyons, parce que j'ai parlé comme toi, tu vas maintenant...

FLOSS

Ose dire qu'un éclair de joie n'a pas traversé ton âme ?

RENÉ

C'est insensé...!

FLOSS

Ose dire que lorsque j'oubliais tout pour compatir à la souffrance de père, tu ne t'es pas écrié : enfin ! enfin !

RENÉ

J'aurai beau parler...

FLOSS

Tes bras ne se sont pas tendus vers moi dans une supplication suprême ! Tu n'es pas tombé à genoux pour implorer ton pardon...!

RENÉ

C'est que je te sentais plus loin de moi... j'aurais eu beau me rapprocher...

FLOSS

Ton découragement parle plus haut que ta tendresse..!

RENÉ

Si je t'avais dit... « Tu t'es trompée... rien ne s'est passé...! »

FLOSS

Je ne t'aurais pas cru...

RENÉ

Alors... sois logique... que demandes-tu ?

FLOSS *(tremblante d'émotion)*

Un simple geste peut-être, un de ces gestes qui font de l'ombre, qui enveloppent... On ne croit plus... mais on se laisse bercer, oui... bercer quand même... la peine s'endort, la peine s'endort...

RENÉ *(plus tendre)*

Ah ! je saurai bien... Aveline peut venir...

FLOSS

Aveline ! Prends garde que ce souhait ne se réalise... car si je vous voyais là.... tous les deux...

RENÉ *(l'enlaçant)*

Tu ne peux pas savoir d'avance... Si je voulais...

FLOSS *(plus faible un instant)*

Ah ! tais-toi... j'ai peur !

RENÉ *(plus pressant)*

Pense à nos caresses, au beau rêve d'hier... qui dure encore...! Petite, tu es à moi pour la vie...

FLOSS *(presque dans ses bras)*

Non... j'ai peur... René... j'ai peur...

(La porte s'ouvre lentement ; Floss s'est éloignée ; René se trouve devant Aveline qui entre.)

SCÈNE V

FLOSS, RENÉ, AVELINE

AVELINE *(sans voir Floss à moitié dans l'ombre)*

Quelle surprise... vous ! *(allant vers lui)* toi...!

FLOSS *(s'avançant)*

Nous sommes deux !

RENÉ

Floss, je t'en prie...

FLOSS

Ah ! tu voudrais m'empêcher de parler, toi ! Non, laisse-moi, laisse-moi vous regarder tous deux... oui, ainsi j'aurai plus de courage...

AVELINE

Je ne comprends pas...

FLOSS *(bouleversée)*

En effet, vous ne pouvez pas comprendre... Jamais vous
ne comprendrez.

AVELINE

Vraiment ?

FLOSS *(bas à René)*

René, comment as-tu pu... mais, regarde-la donc !

AVELINE *(devinant la vérité)*

Oui... vous croyez...

FLOSS *(hors d'elle)*

Toi... elle t'a dit : toi...! Misérable !

AVELINE

Bah ! un tutoiement d'atelier !

FLOSS

Taisez-vous ! Quand je pense que j'ai pu croire que
vous aviez eu un jour l'idée désintéressée de me rapprocher de mon père...! Ah ! ah ! il fallait être bien naïve,
comme je l'étais... naïve !

RENÉ

Puisque je te promets qu'à l'avenir...

FLOSS *(ironique)*

C'est bon ! c'est bon ! Je n'ai qu'un mot à dire à
Madame, d'ailleurs, un mot qui ne te concerne pas, je le

jure. Toi, si tu as encore pour moi une ombre de tendresse, rentre chez nous, je te retrouverai...

RENÉ

Tu me promets...

FLOSS

Tu sauras tout plus tard... Rentre chez nous et attends...

RENÉ *(plus bas à Floss)*

Je te demande, Floss, de ne pas oublier ce qui s'est
passé là tout à l'heure !

FLOSS *(avec un sourire douloureux)*

Je me souviendrai... de ce vertige...

RENÉ

Ma petite, ma petite...

FLOSS

Fais ce que je t'ai dit... attends là-bas... attends...

RENÉ *(inquiet)*

Tu viendras...?

(Sort René.)

SCÈNE VI

FLOSS, AVELINE

FLOSS

Et maintenant...

AVELINE

Maintenant...?

FLOSS *(pâle)*

Vous souriez...

AVELINE *(ironique)*

De ce petit drame !

FLOSS

Ceux qui ne font que passer ne sont guère émus de ce qu'ils voient...

AVELINE *(surprise)*

Que passer... *(ayant compris)* Ah !... on voudrait sans doute...

FLOSS *(fièrement)*

Vous m'avez pris une part de bonheur, mais, grâce à Dieu, pas tout mon bonheur encore !

AVELINE

Allons, tant mieux !

FLOSS

Vous vous disiez... « Je sais ce que je fais... Morise est aveuglé... comment verrait-il ? » Mais voilà, l'envie ne désarme jamais... on reçoit une lettre...

AVELINE

Une lettre...?

FLOSS

Anonyme... peut-être, qu'importe !

AVELINE

Qui me prouvera que le Maître... est convaincu...

FLOSS *(un peu troublée)*

Ah ! oui... c'est juste... il faut... *(puis subitement, le regard attiré vers un livre, tout haut)* On peut être adroite et man-

quer de clairvoyance, de prudence même... Tenez, vous
n'auriez pas dû laisser traîner ceci... *(elle montre le livre
resté ouvert).*

AVELINE

Ah ! le signet !

FLOSS

Oui, père sait maintenant ; il est sûr... et ce n'est pas
seulement un conseil de sa part que je vous donne...
Non... il demande, il exige... *(elle fait un geste vers la porte).*

AVELINE

Ah !... très bien... c'était prévu...! *(avec un petit mouvement de dépit)* Si je voulais... mais non, l'horizon est trop
sombre ici...! Vive la jeunesse ! Et puis, vous l'ai-je dit ?
je suis fataliste ? L'arabe a dit : « Cache ton aile, mais aie
toujours une aile prête ! »

FLOSS

Et vous ne regardez jamais en arrière...?

AVELINE

Pardon ! je me retourne et cette fois je m'aperçois que
je n'ai pas causé de si grands dommages...! Vous reviendrez... à celui qui vous attend...

FLOSS *(amère)*

Qui peut attendre longtemps encore... !

AVELINE

Quoi vous n'allez pas... ?

(*)

FLOSS

Ah ! Madame, vous connaissez mal ceux que vous ne faites qu'effleurer au passage. *(avec fermeté, mais avec douleur)* La page est tournée... ! la page est tournée... !

AVELINE

Alors, Dornier...?

FLOSS

Je le regardais là, quand vous avez surgi tout à l'heure et je me disais... voilà celui que j'ai voulu arracher à cette passion du jeu qui le faisait sombrer chaque jour davantage, voilà celui que j'ai guéri ! Alors, brusquement, j'ai compris que je ne pourrais plus rien pour celui qu'un égarement, même passager, m'enlève... Non... devant tant de misère humaine... j'ai senti que l'autre Œuvre seule méritait mon âme tout entière... et que c'est celle-là qui l'emporterait...

AVELINE

L'œuvre...

FLOSS

Oui... de mon père... seulement !

AVELINE

Morise ! *(riant méchamment)* Ah ! laissez-moi rire... Morise... ! On ne se gêne plus pour le crier bien haut : « Fini Morise ! »... *(ricanant encore)* Fini Morise !

FLOSS

Parce que vous avez passé...? Allons donc ! Ah ! je le reconnais... vous avez tout fait pour briser l'élan superbe !

Être aimée d'un tel artiste, profiter de sa gloire, de son argent, c'était suffisant pour vous, c'était beau ! Mais l'heure du réveil a sonné...! Un simple haussement d'épaule... et l'artiste insoucieux se remet à l'ouvrage...!

AVELINE

Alors vous croyez... ?

FLOSS

Oui... je crois qu'appuyés l'un sur l'autre, nous pourrons...

AVELINE

Laissez-moi vous admirer. C'est sublime vraiment ce grand espoir...

FLOSS *(très ferme)*

Cette certitude... !

AVELINE *(avec un sourire plein de ruse)*

Et pas un seul regret en songeant à l'autre... !

FLOSS

Continuez, Madame, continuez !

AVELINE

La femme qui aurait un peu de pitié pourrait le plaindre, le consoler, peut-être...

FLOSS *(dans un ricanement doulou- reux)*

Ha !... Ha !...

AVELINE

Je pars... mais promettez-moi de remercier en mon nom... le Maître... *(avec dédain)* Pauvre Maître !

FLOSS

Ah ! sortez... sortez donc... !

(Sort Aveline dans un sourire.)

FLOSS *(murmure) :*

Enfin !

*(La porte de l'appartement s'est ouverte. Morise est là,
très ému, se soutenant à peine.)*

SCÈNE VII

FLOSS, MORISE·

FLOSS *(allant vers lui)*

Papa... papa !... Tu écoutais... ?

MORISE

Oui...

FLOSS *(très tendre)*

Et tu n'es pas entré...? Tu as eu ce courage ?

MORISE *(chancelant)*

Floss... *(il est dans les bras de sa fille)*

FLOSS *(l'entraînant)*

Viens là... viens là... Dans l'ombre je verrai moins
tes larmes... !

MORISE *(dans un mouvement de
jalousie)* ·

La lettre n'a pas menti... Pourquoi m'as-tu juré...?

FLOSS

Ah ! c'est que je n'étais pas assez forte encore, vois-tu, pas assez forte pour regarder la vérité en face... Mais quand j'ai compris que ton œuvre était en jeu, qu'il s'agissait de ta pensée d'artiste, de ta gloire... ah ! alors, j'ai vu clair dans notre vie entière, je ne pouvais pas ne pas vouloir...

MORISE *(la regardant, profondément ému)*

Mais toi... toi...?

FLOSS

Ce n'est qu'avec une blessure au cœur que je pouvais te demander... ce qui *devait* être...!

MORISE

Mon petit...!

FLOSS *(comme à elle-même)*

Adieu, René! *(se rapprochant de son père et avec une immense tendresse)* Tu vois... je reste... je reste... et tu ne m'en veux plus, puisque, meurtri encore, c'est à moi que tu penses...!

MORISE

Oui... mais... comment pourrons-nous tous les deux...?

FLOSS *(faisant un effort)*

Va... nous saurons bien... Nous ne sommes pas seuls... d'abord, il y a *quelqu'un* là... qui nous sourit... mais oui...

MORISE *(surpris)*

Quelqu'un...?

FLOSS

Ta fille préférée..! *(et son geste va vers la statue dans l'ombre)*

MORISE *(souriant faiblement)*

" La Tentatrice ! "... Hier je croyais...

FLOSS

Que c'était la Vie qui nous appelait... non... c'était faux ! Elle nous a égarés, séparés un instant... mais nos yeux se sont ouverts. " La Tentatrice ", c'est l'Art immortel... c'est l'Illusion divine qui nous attire...!

MORISE *(comme ébloui)*

Oui, Floss, peut-être...

FLOSS

La vie est laide ! La vie est laide ! Les seules images de beauté, c'est nous qui les créons en pétrissant la glaise... *(entraînant Morise vers la statue qui semble encore les appeler de son geste)* Viens, père, et tu seras toujours le grand ouvrier du Rêve...! Au travail !... Au travail !

(Rideau)

FIN DE " LA TENTATRICE "

IMPRIMERIE
GARET - HARISTOY
PAU